1.0 Annäherungen

Jesus Christus ist eine der bekanntesten und einflussreichsten Personen der Weltgeschichte. Als Jude geboren, als Begründer des Christentums in die Geschichte eingegangen, fasziniert und inspiriert sein Leben und Sterben seit 2000 Jahren nicht nur gläubige Menschen, sondern auch Schriftsteller, Künstler, Politiker, Musiker und Wissenschaftler. Die Bedeutung, die dieser Person zugemessen wird, war und ist bis heute sehr konträr: Für gläubige Christen ist er der „Messias" (Mt 16,16), der „Sohn Gottes" (Mk 1,11), andere haben ihn schon zu seinen Lebzeiten als „Fresser" und „Säufer" (Mt 11,19) beschimpft, ihn als „Verbrecher" (Joh 18,30) und „Gotteslästerer"(Joh 19,7) bezeichnet.

! Brainstorming

Falten Sie ein DIN A 4 Blatt senkrecht. Schreiben Sie auf die linke Seite alles, was Sie bereits über Jesus Christus, sein Leben und seine Botschaft wissen. Notieren Sie auf der rechten Seite Unklarheiten und Fragen. Suchen Sie sich dann einen Gesprächspartner und tauschen Sie sich mit Hilfe Ihrer Notizen aus. Ergänzen Sie Ihre eigenen Eintragungen im Gespräch um die Informationen und Aspekte, die Ihr Gesprächspartner einbringt. Suchen Sie sich anschließend weitere Gesprächspartner und verfahren Sie ebenso.

! Meinungsumfrage

Führen Sie in Ihrem Kurs eine Meinungsumfrage zur Frage durch „Wer ist Jesus Christus für mich? Welche Bedeutung hat er für mich?". Schreiben Sie zunächst Ihre persönlichen Antworten anonym auf ein Blatt. Legen Sie die Blätter aus und lesen Sie sie in Ruhe durch. Bilden Sie Gruppen und tauschen Sie sich über Ihre Leseeindrücke aus. Halten Sie Ihre Ergebnisse in einer Mindmap fest und präsentieren Sie sie im Plenum.

! Karikatur

Beschreiben und interpretieren Sie die Karikatur von Gerhard Mester.
Erklären Sie, auf welche aktuellen Entwicklungen sie hinweist.

1.0 Annäherungen

Einschätzung

Was und wo wäre Jesus heute?
Entscheiden Sie sich für drei Möglichkeiten, die Ihrer Meinung nach am meisten zutreffen.
Geben Sie an, was für Jesus auf keinen Fall in Frage käme.

Zimmermann auf dem Bau

Religionslehrer an der Berufsschule

Blogger im Vatikan

Nonne im Orden der Mutter Teresa

Streetworker in Rio

Gefängnisseelsorgerin

Arbeitsloser Berber

Vorstandsvorsitzender eines internationalen Konzerns

Pfleger auf einer Aidsstation

Hausmann mit zwei kleinen Kindern

Richter am Amtsgericht

Friedensfachkraft in Israel

Hausbesetzer in Berlin

Fernsehprediger in Amerika

Christusbilder

Betrachten Sie die verschiedenartigen Christusdarstellungen auf dieser Seite und auf den Seiten 18, 22, 30, 37, 44, 49, 57, 58.
Wählen Sie ein Bild aus und notieren Sie sich, was Sie an dieser Darstellung anspricht und was Sie stört.
Umreißen Sie dann stichwortartig Ihr persönliches Christusbild.
Tauschen Sie sich in 3er Gruppen über die von Ihnen gewählten Christusdarstellungen und über Ihre Christusvorstellungen aus.

Rembrandt: Ein Christus nach dem Leben, 1648

Velazquez: Christus am Kreuz, 1632

Orozco: Jesus fällt sein Kreuz, 1932–34

1.0 Annäherungen

Unterschiedliche Einschätzungen: „Historischer Jesus" oder „Christus des Glaubens"?

Das Jesus-Bild der Theologen H. Küng und J. Ratzinger/ Benedikt XVI. könnte nicht unterschiedlicher ausfallen, obwohl beide in den 60er Jahren als Theologie-Professoren in Tübingen gelehrt haben und beide als Berater beim 2. Vatikanischen Konzil (1962–65) berufen waren. In den Vorworten zu ihren Jesus-Büchern legen sie ihre Grundprämissen und ihre Arbeitsweisen offen. Während sich der eine der geschichtlichen Gestalt Jesus von Nazareth mit Hilfe der „historisch-kritischen Exegese" nähert („Christologie von unten") und sich in erster Linie an den biblischen Texten orientiert (H. Küng), greift der andere auf die „kanonische Exegese" zurück. Grundlegend für diese theologische Exegese ist die Annahme, dass die biblischen Texte „nicht einfach Literatur" sind, die von „autonomen Schriftstellern im modernen Sinn" mit einer bestimmten Intention zu einer bestimmten Zeit verfasst worden sind. J. Ratzinger ist davon überzeugt, dass in den Heiligen Schriften eine „größere führende Kraft am Werk" ist. Er setzt nicht bei der historischen Person Jesus von Nazareth, sondern bei dem Glaubenszeugnis an, wie es etwa im Johannesevangelium vorliegt („Christologie von oben").

Die Lehre Jesu kommt nicht aus menschlichem Lernen, welcher Art auch immer. Sie kommt aus der unmittelbaren Berührung mit dem Vater, aus dem Dialog von „Gesicht zu Gesicht", aus dem Sehen dessen heraus, der an der Brust des Vaters ruhte. Sie ist Sohneswort. Ohne diesen inneren Grund wäre sie Vermessenheit. Als solche haben die Gelehrten zur Zeit Jesu sie beurteilt, eben weil sie den inneren Grund, das Sehen und Erkennen von Gesicht zu Gesicht, nicht annehmen mochten. Für das Verständnis Jesu sind die immer wiederkehrenden Notizen grundlegend, dass Jesus sich „auf den Berg" zurückzog und dort nächtelang betete, „allein" mit dem Vater. Diese kurzen Notizen öffnen ein wenig den Schleier des Geheimnisses, lassen uns in die Sohnes-Existenz Jesu, in den Quellgrund seines Lebens und Leidens hineinblicken. Dieses „Beten" Jesu ist das Reden des Sohnes mit dem Vater, in das das menschliche Bewusstsein und Wollen, die menschliche Seele Jesu hineingezogen wird, so dass menschliches „Beten" Teilnahme an der Sohnesgemeinschaft mit dem Vater werden darf. (…) Jesus kann vom Vater nur so reden, wie er es tut, weil er der Sohn ist und in der Sohngemeinschaft mit dem Vater steht. Die christologische Dimension, das heißt das Geheimnis des Sohnes als Offenbarer des Vaters, die „Christologie", ist in allem Reden und Tun Jesu anwesend. Noch etwas Wichtigeres wird hier sichtbar: Wir sagten, dass in die Sohngemeinschaft Jesu mit dem Vater die menschliche Seele Jesu im Akt des Betens mit hineingenommen werde. Wer Jesus sieht, sieht den Vater (Joh. 14.9).

Joseph Ratzinger/Benedikt XVI: Jesus von Nazareth

Ein beliebiger Mann aus Nazareth, woher „nichts Gutes kommen" kann, von niedriger Herkunft, unbedeutender Familie, mit einer Gruppe junger Männer und ein paar Frauen, ohne Bildung, Geld, Amt und Würden, von keiner Autorität ermächtigt, keiner Tradition legitimiert, keiner Partei gedeckt – und solch ein unerhörter Anspruch (= Sünden vergeben zu können, letzter Richter zu sein).
Ein Neuerer, der sich faktisch über Gesetz und Tempel, über Mose, König und Prophet stellt und der überhaupt viel das verdächtige Wort „Ich" (…) im Munde führt. Dem entspricht völlig (…) sowohl jenes „Ich aber sage euch" der Bergpredigt wie auch das merkwürdig am Anfang vieler Sätze gebrauchte „Amen", womit eine Autorität in Anspruch genommen wird, die über die Autorität eines Rabbi oder auch eines Propheten hinausgeht. Diesen Anspruch – in den Evangelien eine Frage sowohl bezüglich seiner Worte wie bezüglich seiner Taten – begründet er nirgendwo. Ja, in der Vollmachtsdiskussion lehnt er eine Begründung ab. Er nimmt die Vollmacht einfach in Anspruch.
Er hat sie und bringt sie zur Geltung, redet und handelt aus ihr, ohne sich auf eine höhere Instanz zu berufen. Er macht eine völlig unabgeleitete, höchst persönliche Autorität geltend: Nicht nur ein Sach-Kenner und Sach-Verständiger wie die Priester und Theologen. Sondern einer, der ohne alle Ableitung und ohne Begründung eigenmächtig in Wort und Tat Gottes Willen (= das Wohl der Menschen) verkündet und sich mit Gottes Sache (= die Sache des Menschen) identifiziert, ganz in dieser Sache aufgeht und so ohne allen Anspruch auf Titel und Würden zum höchstpersönlichen Sach-Walter Gottes und des Menschen wird!

Hans Küng: Jesus

! Unterschiedliche Einschätzungen

Arbeiten Sie heraus, wie die Theologen Josef Ratzinger und Hans Küng die in der Überschrift formulierte Frage beantworten. Veranschaulichen Sie Ihre Ergebnisse in zwei Schaubildern, die den Unterschied der beiden Positionen zum Ausdruck bringen.
Bewerten Sie die konträren Positionen.

! Fachbegriffe

Lesen Sie im Lexikon nach, was „historischer Jesus", „Christus des Glaubens", „Christologie von oben / von unten" bedeuten.

2.0 Jesus, eine Person der Geschichte?

2.1 Nichtchristliche Autoren über Jesus

Für den christlichen Glauben und sein Heilsverständnis ist es entscheidend, dass Jesus als historische Person tatsächlich gelebt hat. Der Mensch Jesus bildet das Zentrum des christlichen Glaubens, er hat alles in Bewegung gesetzt. Aber hat Jesus eigentlich wirklich gelebt?
Welche Zeugnisse belegen die Historizität Jesu?
Neben Zeugnissen in der Bibel finden sich auch jüdische und römische Quellen, die von Jesus berichten ...

Josephus (37/38 – 100 n. Chr.)

Der jüdische Historiker und Schriftsteller wächst in Jerusalem als Sohn einer begüterten Adelsfamilie auf. Nach dem jüdisch-römischen Krieg lebt er als Schützling der Flavier (römisches Herrschergeschlecht, das 69 n. Chr. an die Macht kam) in Rom, wo er verschiedene historische Schriften verfasst. 93 n. Chr. erscheint seine „Weltgeschichte des jüdischen Volkes", darin berichtet er auch zweimal über Jesus. An der folgenden Stelle berichtet Josephus von der gesetzeswidrigen Verurteilung des Bruders von Jesus, Jakobus:

Er [Hohepriester Ananus] versammelte daher den hohen Rat [der Juden] zum Gerichte und stellte vor denselben den Bruder des Jesus, der Christus genannt wird, Jakobus mit Namen, nebst noch einigen andern, klagte sie als Übertreter des Gesetzes an und ließ sie zur Steinigung verurteilen.

Flavius Josephus: Antiquitates XX 200

An der zweiten Stelle, dem sogenannten „Testimonium Flavianum", geht Jospehus direkt auf Jesus ein:

Um diese Zeit lebte Jesus, ein Mensch voll Weisheit, wenn man ihn überhaupt einen Menschen nennen darf. Er tat nämlich ganz unglaubliche Dinge und war der Lehrer derjenigen Menschen, welche gern die Wahrheit aufnahmen; so zog er viele Juden und auch viele aus dem Heidentum an sich. Er war der Christus. Auf Anklage der Vornehmen bei uns verurteilte ihn Pilatus zwar zum Kreuzestode; gleichwohl wurden die, welche ihn früher geliebt hatten, auch jetzt ihm nicht untreu. Er erschien ihnen nämlich am dritten Tage wieder lebend, wie gottgesandte Propheten neben tausend andern wunderbaren Dingen von ihm verkündet hatten. Noch bis jetzt hat das Volk der Christen, die sich nach ihm nennen, nicht aufgehört.

Flavius Josephus: Antiquitates XVIII

Josephus

Tacitus

Tacitus (55/56 – ca. 120 n. Chr.)

Der Angehörige der römischen Senatsaristokratie durchlief die üblichen Ämter und wurde als Redner und Geschichtsschreiber berühmt. In der vorliegenden Notiz berichtet Tacitus in der Biographie Neros über die verhassten „Christiani",die dieser für den Brand Roms verantwortlich macht:

Dieser Name [Christiani] leitet sich von Christus ab, der unter der Regierung des Tiberius vom Prokurator Pontius Pilatus hingerichtet worden war. Der für den Augenblick unterdrückte verhängnisvolle Aberglaube griff von Neuem um sich, nicht nur in Judäa, wo dieses Übel entstanden war, sondern auch in Rom, wo alle Scheußlichkeiten und Abscheulichkeiten aus der ganzen Welt zusammenströmen und freudigen Anklang finden.

Tacitus: Annalen XV 44

! Außerbiblische Zeugnisse

1. Quellenarbeit
Arbeiten Sie heraus, was antike Historiker über Jesus Christus wissen und wie sie ihn beurteilen.

2. Fehleinschätzungen
Untersuchen Sie die Textstellen. Was ist gesicherte Information? Was ist vermutlich eine Fehleinschätzung? Was könnte spätere christliche Überarbeitung sein?

3. Stellung nehmen
Bei einer Umfrage des evangelischen Magazins Chrismon nach der Auferstehung Jesu gaben 10 % der Befragten zur Antwort: Jesu hat nie gelebt. Nehmen Sie dazu Stellung.

4. Diskussionspunkt
Diskutieren Sie über den Wert der außerbiblischen Zeugnisse für die Forschung nach dem historischen Jesus.

2.2 Zeit und Umwelt Jesu

Jesus ist wie jeder Mensch in seinen historischen Kontext eingebunden. Um Jesus, seine Botschaft und die Reaktionen auf ihn zu verstehen, ist es notwendig, sich in seine Zeit hineinzuversetzen: Wie sieht die politische Situation aus? Welche Machthaber regieren das Land? Wie geht es dem Volk? Welche Erwartungen, Sehnsüchte und Hoffnungen hat es? Welche religiösen Gruppierungen prägen das Bewusstsein der Menschen zur Zeit Jesu?

Politische Lage zur Zeit Jesu

Im Jahre Null war Israel Teil des römischen Weltreichs, das alle an das Mittelmeer angrenzenden Länder beherrschte. Das Hauptinteresse des römischen Imperiums galt der exzessiven Besteuerung des Landes. Legaten, Prokonsuln oder Prokuratoren fungierten als Bindeglieder zwischen Rom und den Provinzen. Zur Förderung der Akzeptanz der römischen Herrschaft wurde das religiöse und kulturelle Eigenleben sowie die Ausübung der Verwaltungs- und Regierungsformen in den eroberten Ländern respektiert. Außerdem wurden lokale Führungsschichten an der Herrschaft beteiligt, um durch ihre Loyalität eine friedlichere Herrschaft zu sichern. Wer waren die führenden politischen Köpfe zur Zeit Jesu?

Kaiser Augustus (63 v. Chr. – 14 n.Chr.)

Oktavian Augustus, der Großneffe und Adoptivsohn Julius Cäsars, wird nach dem Sieg über Mark Antonius in der Schlacht von Actium (31 v. Chr.) Alleinherrscher und trägt von da an seinen Frieden, die Pax Augusta, nach Rom und in die Provinzen.

Mit welchem Zulauf, mit welcher Begeisterung von Menschen aller Altersstufen und aller Klassen der Kaiser bei seiner Rückkehr nach Italien und Rom (29 v. Chr.) begrüßt wurde, wie prächtig seine Triumphe und seine Geschenke waren, das läßt sich nicht einmal in einem Werk von größerem Wurf angemessen darstellen. Nichts können die Menschen von den Göttern erbitten, nichts die Götter den Menschen gewähren, nichts kann in ein Gebet gefaßt, nichts von glücklichem Gelingen gekrönt werden, was nicht Augustus nach seiner Rückkehr in die Hauptstadt dem römischen Staat und dem ganzen Erdkreis gegeben hätte...

Velleius Paterculus: Römische Geschichte II 89

Jeder wird erkennen, wie sehr das Evangelium die Sprache seiner Zeit spricht, wenn es berichtet von der Sehnsucht nach dem Retter, dem Heiland, und mit ihm nach einer neueren besseren Welt.

Vgl. Eleonore Beck: Gottes Sohn kam in die Welt, S. 48–83

Kaiser Augustus

Herodes der Große (75 – 4 v. Chr.)

37 v. Chr. gelingt es Herodes dem Großen vom römischen Senat als Klientelkönig (= wurde vom römischen Reich als König für ein Land eingesetzt, unterstand aber dessen Kontrolle) eingesetzt zu werden. Kaiser Augustus fördert ihn weiter und bestätigt ihn 31. v. Chr. als König von Judäa. In seine Regierungszeit fällt die Geburt Jesu. Während seiner Herrschaft erlebt das Land eine prachtvolle Blütezeit. Herodes der Große ist bemüht das Volk für die griechisch-römische Kultur zu öffnen. Herodes intensiviert den Handel zwischen Jerusalem und anderen Zentren des römischen Reiches. Er entfaltet eine rege Bautätigkeit und lässt z.B. in Jerusalem ein Theater, ein Stadion und ein Amphitheater bauen. Auch der während der römischen Angriffe beschädigte Jerusalemer Tempel wird renoviert. Trotz seiner Bemühungen bleibt Herodes beim Volk verhasst. Er gilt als Despot, der politische Gegner und Verwandte im Interesse seiner Machterhaltung reihenweise ermorden lässt. Heidnische Tempel, die er zu Ehren des Kaisers im ganzen Land erbauen lässt, widersprechen dem jüdischen Gesetz. Konfiszierte Ländereien verschenkt er an Günstlinge. Herodes fördert Großgrundbesitzer, was selbständige Kleinbauern zu Pächtern herabsinken lässt.

2.2 Zeit und Umwelt Jesu

Herodes Antipas (4 v. Chr. – 39 n. Chr.)

Nach Herodes' Tod teilt Kaiser Augustus dessen tributpflichtiges Land unter den Herodessöhnen Archelaos, Herodes Antipas und Philippus auf. Archelaos wird bereits zehn Jahre nach seiner Ernennung wegen Brutalität und Willkür wieder abgesetzt. Herodes Antipas herscht 43 Jahre über Galiläa und Peräa. Er baut die zerstörte Stadt Sepphoris als Hauptstadt Galiläas wieder auf. Diese liegt nur wenige Kilometer vom Heimatort Jesu, Nazareth, entfernt. Wie sein Vater bemüht er sich das Volk für die griechisch-römische Kultur zu öffnen und die Wirtschaft zu fördern. Das Verhältnis zum jüdischen Volk ist zwiespältig. Einerseits sorgt er sich um die Interessen seines Volkes. Er geht zum Beispiel gegen Pontius Pilatus vor, als dieser Weiheschilde in seinem Palast in Jerusalem aufstellen will, die von den Juden als anstößig empfunden werden. Andererseits verzichtet er in seinem Palast nicht auf Tierdarstellungen, die ebenfalls den Unmut der jüdischen Bevölkerung hervorrufen. Argwöhnisch beäugt er religiöse Bewegungen. So lässt er Johannes den Täufer hinrichten, da er ihn als politisch gefährlich betrachtet.

Pontius Pilatus (26 – 36 n. Chr.)

Nach der Absetzung des Archelaos (6 n. Chr.) wird dessen Gebiet der Provinz Syrien zugeordnet. Das Gebiet wird einem weitgehend selbständigen Präfekten untergeordnet, der in der modernen Hafenstadt Cäsarea residiert. Als fünfter römischer Statthalter wird Pontius Pilatus eingesetzt. Von Anfang an lässt er kein Fettnäpfchen aus, um Gefühle und Sitten seiner jüdischen Untertanen zutiefst zu verletzen: So lässt er heimlich römische Kaisermedaillons im Jerusalemer Tempel anbringen, die gegen das Bilderverbot der Juden verstoßen. Obwohl er um das strikte Bilderverbot bei den Juden weiß, lässt Pilatus als einziger römischer Präfekt heidnische Symbole auf Münzen prägen. Außerdem verwendet er Gelder aus der Tempelkasse für den Bau einer Wasserleitung, was den Protest des Volkes hervorruft.
Der Protest wird gewaltsam niedergeknüppelt. Auch unter Pilatus können der Hohepriester und der Hohe Rat ungestört ihre Tätigkeit ausüben. Allerdings darf er keine Todesurteile fällen, dies obliegt dem Statthalter. Pontius Pilatus ernennt die Hohepriester und sichert sich so die Kontrolle über Tempel und Stadtverwaltung. Nach zehn Regierungsjahren bricht sich Pilatus durch eine weitere Gräueltat politisch das Genick: Die Ermordung von Samaritern führt zur Anklage in Rom und schließlich zu seiner Absetzung.

Vgl. Martin Hengel/Anna Maria Schwemer: Jesus und das Judentum, S. 48–83

Geburt Christi, Maas-Rhein-Gebiet, 1390–1400

! Politische Verhältnisse

1. Römer und Juden
Das Zusammenleben zwischen Römern und Juden war historisch bedingt schwierig. Begründen Sie.

2. Charakterisierung
Wählen Sie einen der politischen Köpfe zur Zeit Jesu aus. Charakterisieren Sie ihn
a) aus Sicht der Römer
b) aus Sicht der der Juden.

3. Augustus und Jesus
Vergleichen Sie die Darstellungen von Augustus und Jesus auf der Doppelseite. Beide werden als Heiland bezeichnet.

Orte des Wirkens Jesu

Viele der Orte, an denen Jesus gelebt und gewirkt hat, existieren noch heute. Teilweise haben Archäologen Spuren aus der Zeit Jesu gefunden.

Nazaret
Gilt als Heimatstadt Jesu.

Jerusalem
Hier wurde Jesus gekreuzigt. Es gilt Juden, Muslimen und Christen als Heilige Stadt.

Betlehem
Geburtsort Jesu bei Matthäus und Lukas: Die kleine Stadt wird schon im Alten Testament mit Verheißungen des Messias ausgezeichnet.

Kafarnaum
Gilt im Neuen Testament als Stadt Jesu. Hier lehrte er in der Synagoge, berief seine ersten Jünger, heilte Kranke und Besessene.

Jordantal
Die Taufe Jesu im Jordan gilt in allen vier Evangelien als grundlegendes Ereignis für das öffentliche Auftreten Jesu.

Totes Meer
In seiner Nähe lag die Siedlung Qumran.

2.2 Zeit und Umwelt Jesu

Soziale Spannungen in Galiläa

Jesus zog vor allem durch sein Heimatland Galiläa. Für das Verständnis seiner Verkündigung ist daher von großer Bedeutung, wie man die Verhältnisse dort einschätzt. Tatsächlich herrschten in Galiläa Spannungen zwischen verschiedensten Bevölkerungsgruppen. Das Land wurde im ersten Jahrhundert von Klientelfürsten regiert. Zahlreiche Indizien sprechen dafür, dass tiefe Spannungen zwischen den beherrschten Galiläern und den Herrschenden vorlagen. So galt die Herrschaft der beiden Herodessöhne Herodes Antipas und Philippus als gefährdet, als ihr Bruder Archelaos abgesetzt wurde. Außerdem traten einflussreiche Propheten wie Johannes der Täufer auf, die den Landesfürsten Herodes Antipas direkt kritisierten. Antipas ließ den Propheten hinrichten.
Galiläa war zur Zeit Jesu von einigen hellenistischen Stadtrepubliken umgeben. Auch in Galiläa förderte Herodes Antipas die hellenistische Kultur durch den Bau von Städten nach hellenistischem Vorbild wie Sepphoris oder Tiberias. Der in den Städten konzentrierte Reichtum und ihre römisch-griechische Kultur führte zu einer positiveren Grundeinstellung gegenüber der römischen Herrschaft als im jüdischen Umland. Rebellische Gruppen aus diesem Umland ließen dies die hellenistisch geprägten Städte im jüdischen Krieg (70 n. Chr.) spüren: Sie ließen ihrer Zerstörungswut freien Lauf.
Daneben sorgten auch die wirtschaftlichen Unterschiede zwischen Reichen und Armen für erhebliche Spannungen: Die soziale Schichtung Galiläas war abhängig vom jeweiligen Landbesitz. Großgrundbesitzer lebten in der Stadt und ließen ihre Pächter die harte Arbeit auf den Feldern verrichten. Diese waren gezwungen, die Erträge an den Großgrundbesitzer abzugeben. Noch schlechter erging es den besitzlosen Tagelöhnern. Sie wurden als Erntehelfer für Stunden oder Tage eingestellt und waren der Willkür und Gnade ihrer Arbeitgeber ausgeliefert. Neben den Großgrundbesitzern waren auch die Kleinbauern in Besitz von Land. Sie lebten allerdings in kargen Verhältnissen. Eine schlechte Ernte konnte bereits die Existenz gefährden und den Abstieg in ein Pacht- oder Mietarbeitsverhältnis bedeuten. Am untersten Ende der Sozialhierarchie waren die Bettler und Räuber angesiedelt.

Vgl. Gerd Theissen/Annette Merz: Der historische Jesus, S.161–167

! Gesellschaftliches Umfeld

1. Gegensätze
Arbeiten Sie die Gegensätze heraus, die die Gesellschaft zur Zeit Jesu geprägt haben.

2. Spannungsfeld
Stellen Sie die einzelnen Schichten der Gesellschaft in einem Schema dar. Vergleichen Sie dabei auch die Interessen der einzelnen Schichten.

Religiöse Strömungen und Gruppierungen

Apokalyptik

Unterdrückung, wirtschaftliche Unsicherheit, Krieg – solche Zeiten rufen häufig die Sehnsucht nach einer besseren Zeit, einer besseren Welt und einem Heiland hervor, mit dem diese Zeit anbricht. Das war zur Zeit Jesu nicht anders, alle religiösen Gruppierungen waren von der geistigen Strömung der Apokalyptik beeinflusst. Was lässt sich darunter verstehen?
Die Apokalyptiker haben die Überzeugung, dass die Welt sich nicht zum Besseren wenden, sondern unter furchtbaren Schrecken und kosmischen Katastrophen untergehen wird. Gottes Eingreifen setzt dem Lauf der Geschichte ein Ende, ein neuer Äon beginnt. Die Äonwende vollzieht sich beim Endgericht, die neue Welt kennt keine Not, sondern paradiesische Zustände.
Die Vorstellung der Naherwartung beeinflusst das Denken und Fühlen der Menschen zur Zeit Jesu. Wirtschaftliche und politische Unterdrückung führen daher zu zwei charakteristischen Reaktionsmustern:
a) Im Bewusstsein, nichts mehr verlieren zu können, erhebt sich ein Teil der Bevölkerung und kämpft entschlossen gegen die römische Herrschaft und die Bevölkerungsgruppen, die aus Angst vor Besitz- und Machtverlust zu Kompromissen mit den Römern bereit sind.
b) Die entgegengesetzte Reaktion ist ein radikaler Auszug aus Gesellschaft und Welt: Der Mensch kann sich nicht selbst befreien, Heil erfährt er daher erst, wenn das Weltende und mit ihm das Gericht anbricht.

Vgl. Eduard Lohse: Die Umwelt des Neuen Testaments, S. 209 f. Vgl. Josef Blank: Jesus von Nazareth, S. 20–29.

Gruppierungen

In der Umwelt Jesu gab es, wie überall, verschiedene Interessengruppen und Parteien. Sie hatten auch religiöse Ziele.

Sadduzäer

Der Gruppierung der Sadduzäer (der Name kommt von Zadok, den David in Jerusalem zum Oberpriester eingesetzt hatte) gehört der priesterliche Hochadel und das privilegierte Jerusalemer Bürgertum an. Sie stellen die Hohenpriester des Synhedriums, der höchsten jüdischen Verwaltungs- und Justizbehörde, und haben dadurch großen Einfluss auf die Geschehnisse im Hohen Rat und im Tempel. Der Tempel sichert ihnen zudem durch die Beteiligung an den Einnahmen aus den Steuern, Spenden und Weihegaben ein Leben in Wohlstand und Luxus. Um die für sie günstigen Macht- und Besitzverhältnisse zu sichern, sind sie am Erhalt der politischen Situation interessiert. Dazu bemühen sie sich um gute Beziehungen zu den Römern und versuchen den wachsenden Widerstand anderer Gruppierungen (z. B. der Zeloten) gegen die Römer einzudämmen. In theologischer

Hinsicht zeichnen sich die Sadduzäer durch eine nüchtern konservative Grundhaltung aus. Sie akzeptieren allein die Tora als verbindliche Schrift. Da in der Tora von Auferstehung der Toten oder einer zukünftigen Welt nicht die Rede ist, lehnen sie diese Vorstellungen ab. Ebenso sind ihnen Engel- und Dämonenvorstellungen oder apokalyptische Hoffnungen auf eine Veränderung der gegenwärtigen Verhältnisse suspekt.

Pharisäer

Bei den Pharisäern (der Name kommt von peruschim = die Abgesonderten) handelt es sich um eine Partei, die, im Gegensatz zu den Sadduzäern, eine breite Verankerung im Volk aufweist. Ein Teil der Pharisäer sind Schriftgelehrte. Den Pharisäern geht es vor allem um eine rituelle Heiligung des täglichen Lebens der Laien. Dazu versuchen sie die Gesetze, wie sie für die Priester im Tempel gelten, zu befolgen. Um die kultischen Reinheitsvorschriften und Verzehntungsgebote (Abgaben ca. eines Zehntels der Naturalerträge als Religions-und Sozialabgabe) der Tora sorgfältig einhalten zu können, schließen sie sich zu organisierten Gemeinschaften zusammen. Dadurch ergibt sich eine Absonderung von denen, die es mit der Einhaltung der Gesetze nicht so genau nehmen, wie z. B. den Zöllnern (→ Lexikon). Die Pharisäer ergänzen die Tora durch andere Überlieferungen und Präzisierungen, die oftmals eine Verschärfung der Gesetze bedeuten. Andererseits sind sie aber auch darum bemüht, die Toragesetze für die breite Bevölkerung lebbar zu machen, indem sie erleichternde Bestimmungen ergänzen. Theologisch sind die Pharisäer offen für neue Glaubensvorstellungen wie Naherwartung, Totenauferstehung und Messiaserwartung.
Die Gruppierung der Pharisäer steht Jesus am nächsten, wahrscheinlich kommt es gerade deswegen so häufig zu Konflikten mit ihnen. Jesus teilt viele religiöse Grundüberzeugungen (z. B. Auferstehung der Toten) mit ihnen, im Zusammenhang mit Gesetzesfragen gibt es aber ein deutliches Konfliktpotential. Die Schärfe dieses Konfliktes, wie er im Neuen Testament dargestellt ist, geht auch auf die Auseinandersetzung der frühen Christen mit dem Judentum zurück. Solange es nicht um Fragen der Gesetzesfrömmigkeit geht, gelten die Pharisäer als politisch gemäßigte Gruppierung.

Karl Schmitt-Rottluff: „Pharisäer", 1912

Essener

Ihr Name leitet sich wahrscheinlich von dem aramäischen Wort chassaja, die Frommen, ab. Die Essener leben vorwiegend in ländlichen Gebieten und sind um die Einhaltung ihrer kultischen Reinheit sehr bemüht. Zur Bewahrung dieser Reinheit leben sie abgesondert von der Gesellschaft in Gemeinschaften. Diese sind streng organisiert und strukturiert und werden von einem Vorsteher geleitet. Vor dem Eintritt in die Gemeinschaft haben die Novizen eine einjährige Probezeit zu bestehen. Im Anschluss daran schwören sie einen Eid zur Ehrfurcht vor Gott, Wahrheitsliebe, Gerechtigkeit gegenüber den Menschen und Respektierung der Gemeinderegeln. Die meisten Essener leben ehelos. Anders als die Pharisäer wollen sie nicht das ganze Volk mit ihren Glaubensgrundsätzen erreichen. Vielmehr halten sie ihre Lehren geheim und treten auch nicht in Diskussion mit anderen religiösen Strömungen. Auch sie glauben an ein Leben nach dem Tod. Besonders ausgeprägt sind bei den Essenern apokalyptische Vorstellungen, dies erklärt auch ihren radikalen Auszug aus Gesellschaft und Welt: Was zählt, ist die Bindung an Gott und nicht an die Welt.

Zeloten

Im Gegensatz dazu sind die Zeloten eine radikale Widerstandsbewegung. Der Name Zeloten bedeutet „Eiferer" (für Gott). Der Hauptunterschied gegenüber den Pharisäern und Sadduzäern besteht darin, dass die zelotische Lehre die weltliche Herrschaft Roms als unvereinbar mit der Tora betrachtet. Für sie ist allein Gott Herrscher über sein Volk, eine Anerkennung des römischen Kaisers ist deshalb ausgeschlossen. Die Zeloten zielen auf die Befreiung des erwählten Gottesvolkes von der römischen Herrschaft und die Reinigung des Landes von Gesetzesübertretern. Daneben streben die Zeloten auch die Herstellung einer gerechten Sozialordnung an, was ihnen einen starken Rückhalt in der armen Landbevölkerung einbringt. Sie sind der Meinung, dass man dem Kommen der Gottesherrschaft aktiv nachhelfen muss, notfalls mit Gewalt.

! Gruppierungen zur Zeit Jesu

1. Unterschiede
Vergleichen Sie die religiösen Gruppierungen in Form einer Tabelle. Berücksichtigen Sie dabei Aspekte wie Lebensweise, Beziehung zu den Römern, Interpretation der Tora, endzeitliche Hoffnungen.

2. Innenperspektive
Wie haben die religiösen Gruppen wohl auf Jesus reagiert? Lesen Sie Mt 5, 22, Mk 3,1–4 und Lk 11, 37–52 aufmerksam durch. Nehmen Sie die Perspektive eines Sadduzäers, Pharisäers, Esseners oder Zeloten ein und verfassen Sie einen Brief an Jesus, in dem Sie ihm Ihre Meinung zu seinen Ansichten mitteilen.

3. Parteiprogramm
Formulieren Sie Parteiprogramme der religiösen Gruppierungen. Vergleichen Sie diese mit heutigen Parteiprogrammen, nicht nur in Deutschland, sondern z.B. auch in Palästina usw.

Vgl. Willibald Bösen: Der letzte Tag des Jesus von Nazareth
Vgl. Bernd Kollmann: Einführung in die Neutestamentliche Zeitgeschichte

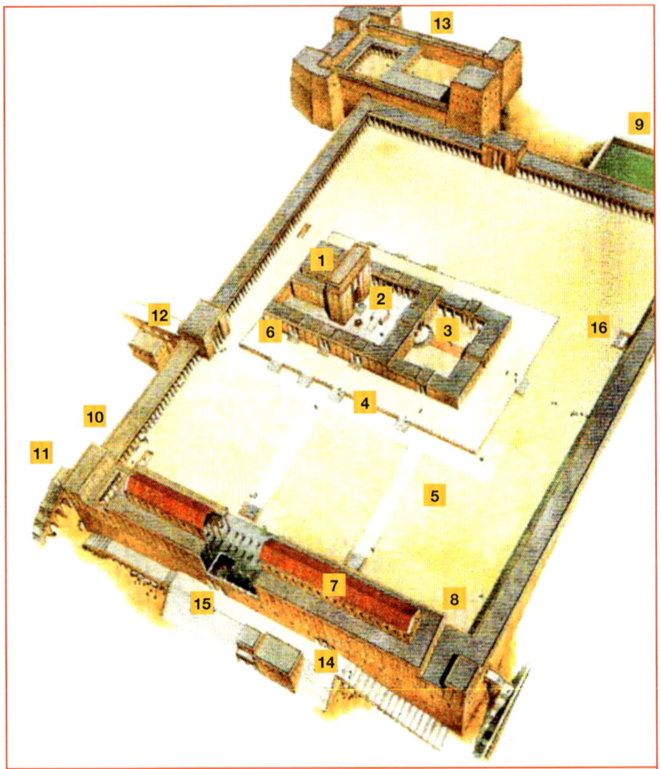

Der neue herodianische Tempel

1	Tempelgebäude
2	Vorhof der Männer
3	Vorhof der Frauen
4	Schranke, die Heiden nicht überschreiten dürfen
5	Vorhof der Heiden
6	Quaderhalle
7	Königliche Säulenhalle (Ort des Marktes und des Handels)
8	„Salomons Ställe“
9	Teich der Söhne Israels (Wasserspeicher für Tempelbetrieb)
10	Westmauer
11+12	Robinson- und Wilson-Bogen
13	Festung Antonia
14–16	Dreifaches, Doppeltes, Goldnes Tor

Der Tempel – Das Herz Jerusalems

Herodes der Große zählt zu den passioniertesten Bauherren der Antike. Seine Großbauten machten Jerusalem zu einer Metropole. Im Jahre 21 v. Chr. beschloss Herodes den in die Jahre gekommenen Zweiten Tempel durch einen neuen im hellenistisch-römischen Monumentalbaustil zu ersetzen. Dieser umfasste 14 Hektar und wurde damit zum größten sakralen Bauwerk der römischen Welt. Herodes setzte gegen die religiösen Autoritäten dabei auch Neuerungen durch, z.B. gab es einen für nichtjüdische Besucher zugänglichen Bereich und einen eigens für die Frauen vorgesehenen Hof.
Der Tempel war das religiöse und kulturelle Zentrum der jüdischen Welt. Täglich zelebrierten Priester den Opferkult. Pilger aus vielen Ländern strömten zu den Wallfahrtsfesten nach Jerusalem. Neben seiner Bedeutung als religiöser Institution war der Jerusalemer Tempel zur Zeitenwende auch ein entscheidender Wirtschaftsfaktor, von dem alle Bevölkerungsschichten profitierten: Die Unterschicht erhielt Almosen vom Tempel und den Wallfahrern. Für die Mittelschicht war der Tempel ein wichtiger Arbeitgeber. Der Kult- und Opferbetrieb beschäftigte ca. 7.000 Priester und 10.000 Leviten (Musikanten, Sänger, Wächter), viele Viehzüchter, Händler, Maurer, Zimmerleute, Gärtner, Weber usw. Hauptprofiteur des Tempels aber war der sadduzäische Priesteradel. Er war an den kontinuierlichen Einnahmen durch die Steuern (z.B. Halbschekelsteuer), Spenden, Weihegaben, Verkauf von Opfertieren, Grundbesitz usw. beteiligt und sicherte sich so ein Leben in Wohlstand und Luxus.

Zeichnung und Erklärungen: Jerome Murphy-O'Connor: Das Herz Jerusalems zur Zeit Jesu
Text: Vgl. Willibald Bösen: der letzte Tag des Jesus von Nazareth, S. 177f, und Murphy-O'Connor

2.3 Evangelien – Biographien von Jesus?

Wenn wir von den Evangelien sprechen, dann meinen wir die vier kanonischen Evangelien, die am Anfang des Neuen Testaments stehen. Sie berichten von Jesus von Nazareth und gelten als wichtigste Quellen seines Lebens und Wirkens. Schaut man sich die biographischen Angaben an, stellt man allerdings einen Mangel an gesicherten Daten fest. Abhängig vom jeweiligen Autor, werden keine oder widersprüchliche Angaben zu Geburtsjahr, Geburtsort, Beginn und Dauer des öffentlichen Wirkens, Tag der Kreuzigung und Todesjahr gemacht. So stammt Jesus beispielsweise nach Markus aus Nazareth (Mk 1,9), während die Evangelisten Matthäus und Lukas als Geburtsort Betlehem angeben (Mt 2,5–6). Woher stammen diese Widersprüche?

Grabtuch von Turin

Selbstverständnis der Evangelisten

Der Grund hierfür liegt im Selbstverständnis der Evangelisten. Diese verstanden sich nicht als Historiker, die über das Leben Jesu in Form einer lückenlosen Biographie informieren wollten. Vielmehr ging es ihnen darum, ein echtes Glaubenszeugnis zu geben und so die Botschaft vom auferstandenen Christus zu verkünden. Die Evangelien sind daher aus dem Blickwinkel des Osterglaubens zu sehen: Jesu Worte und Taten sind mehr als die Botschaft des Auferstandenen als die des historischen Jesus zu verstehen. Dennoch sind die Glaubenszeugnisse der Evangelisten auch als historische Zeugnisse interessant. So griffen sie beispielsweise bedeutsame Persönlichkeiten wie Pontius Pilatus auf und lieferten im Hinblick auf das Leben Jesu und seine Umgebung auch historische Orientierungspunkte.

Geburtsstunde des Evangeliums

Jesus hat kein einziges schriftliches Zeugnis hinterlassen. Nach seinem Tod entstand eine rege Erzähltradition. Diese schriftlichen und mündlichen Überlieferungen (kleine Sammlungen von Worten und Gleichnissen, Wundergeschichten, Passionsberichte) versuchten die Erinnerung an Jesus und den Ursprung des Glaubens zu bewahren. Zwischen 70 und 100 n. Chr. entstanden die vier Evangelien. Die vier Evangelisten griffen für diese Zeugnisse ihres Glaubens auf ältere Überlieferungen von Jesus zurück. Diese überarbeiteten, ergänzten und deuteten sie und schufen auf diese Weise eine neuartige Textgattung: das Evangelium. Markus überschrieb sein Glaubenszeugnis als erster mit dem Begriff „Evangelium", d. h. „Gute Nachricht" oder „Frohe Botschaft". Danach wurden auch die Schriften von Matthäus, Lukas und Johannes so genannt.

Eigenart der Evangelien

Alle vier Evangelien sind Zeugnisse des Glaubens an Jesus. Allerdings weist jeder Evangelist eine andere Akzentsetzung auf, wenn er von Jesus spricht: Der Evangelist Markus sieht in Jesus den Gottessohn, der den Beginn der Gottesherrschaft proklamiert. Der Lebensweg Jesu ist die Konkretion der Gottesherrschaft und Vorbild für alle Gläubigen. Bei Matthäus ist Jesus der lang verheißene Messias. Sein Leben ist für Matthäus die Erfüllung des Gesetzes und der Propheten.
Bei Lukas ist Jesus der von Gott gesalbte Heiland. Er nimmt sich der Schwachen und Kranken an und verkündet diesen das Heil. Beim Evangelisten Johannes ist Jesus der von Gott gesandte Offenbarer, der sich seiner Präexistenz bewusst ist und als solcher spricht und handelt.

! Evangelien

1. Zwei-Quellen-Theorie
Was wissen Sie noch über die Zwei-Quellen-Theorie, Redaktionsgeschichte und Literarkritik?

2. Umschreiben
In Mt 21,1–12 schildert der Evangelist Matthäus eindrucksvoll den Einzug Jesu in Jerusalem. Schreiben Sie das Ereignis in eine andere Textgattung (Polizeibericht, Zeitungsmeldung, Brief usw.) um und vergleichen Sie die unterschiedlichen Wirkungen in der Klasse.

3. Vergleichen
Lesen Sie die Anfänge der vier Evangelien. Untersuchen Sie, wodurch diese bereits in den Anfängen ihre eigene Sichtweise von Jesus zum Ausdruck bringen.

2.3 Evangelien – Biographien von Jesus?

Jesus mit 12 Jahren. Italienische Polizeiexperten rekonstruierten das Phantombild Jesu anhand eines Abdrucks des Turiner Grabtuchs. Anschließend wurde das Gesicht digital auf ein Alter von 12 Jahren verjüngt.

Der historische Jesus

Die Evangelien sind Glaubenszeugnisse und keine Tatsachenberichte. Dennoch enthalten sie historische Angaben, die die geschichtlichen Konturen seines Lebens erfassbar machen.

Jesu Herkunft: Galiläa

Jesus wurde als Jude unter Kaiser Augustus (37 v. – 14 n. Chr.) geboren. Sein genaues Geburtsjahr lässt sich nicht mehr ermitteln. Als wahrscheinlich gilt, dass er in den letzten Jahren der Regierungszeit Herodes' des Großen geboren wurde, d.h. also vor dem Frühjahr 4 v. Chr.

Öffentliches Wirken Jesu

Wie viele andere ließ sich auch Jesus von Johannes dem Täufer taufen und schloss sich zunächst der Täuferbewegung an (Mk 1, 9–11). Bald schon setzte er sich allerdings wieder von ihm ab und verkündete seine eigene Botschaft, die sich erheblich von der des Johannes unterschied: Statt der Gerichtsandrohung stellte er das Evangelium, die frohe Botschaft, vom baldigen Beginn der Gottesherrschaft ins Zentrum seiner Predigt. Jesu öffentliches Wirken fand wohl zwischen 26 und 29 n. Chr. statt, allerdings ist die Dauer dieses Wirkens umstritten. Während die Synoptiker eine kurze Zeitspanne (ca. 1 Jahr) voraussetzen, scheint Johannes von einem Zeitraum von ungefähr drei Jahren auszugehen. Fest steht, dass er als Wanderprediger umherzog und den Anbruch der Herrschaft Gottes verkündete. In allen vier Evangelien zählen die Berufungen der Jünger zu den ersten Akten von Jesus. Sie gaben ihr gewohntes Leben auf und richteten ihr Leben ganz auf das Reich Gottes aus. Mit Jesus in ihrer Mitte bildeten sie eine Gemeinschaft, die versuchte, ein Leben im Zeichen der Gottesherrschaft zu realisieren. Jesu Wirken war von einer radikalen Gottes- und Nächstenliebe geprägt. So heilte er Kranke, trieb Dämonen aus und wirkte Wunder. Als Zeichen der Vergebungsbereitschaft Gottes wandte er sich den Sündern zu: Beispielsweise aß er mit den verhassten Zöllnern (→ Lexikon).

Geschehnisse in Jerusalem

Wahrscheinlich kam Jesus im Jahr 30 n. Chr. zum Passahfest nach Jerusalem. Auch hier verkündete er seine Botschaft von der nahe herangekommenen Gottesherrschaft. Bei der sogenannten „Tempelreinigung" machte Jesus in einer Zeichenhandlung die Heiligkeit des Tempels deutlich und kritisierte den Handel und weitere Profanisierungen im Tempel (Mk 11, 15–17). Seine Kritik an der vorherrschenden Kultpraxis stellte eine Provokation für die sadduzäische Obrigkeit dar. Diese entschlossen sich unverzüglich gegen Jesus vorzugehen. Jesus spürte die drohende Gefahr, beim Mahl mit seinen Jüngern sprach er offen über den von ihm erwarteten Tod und brachte diesen in Verbindung mit dem anbrechenden Reich Gottes. Kurz nach dem Mahl wurde Jesus auf dem Ölberg von den Behörden verhaftet.

Kreuzigung

Nach einem kurzen Verhör des jüdischen Hohen Rates unter dem Tempelpriester Kajaphas wird Jesus dem römischen Prokurator, Pontius Pilatus, vorgeführt. Verurteilt als politischer Aufrührer, stirbt Jesus den Tod der Sklaven und Rebellen. Seine Hinrichtung stürzt seine Anhänger zunächst in eine schwere Krise.

Vgl. Gerd Theissen/Annette Merz: Der historische Jesus, S. 147–218. Vgl. Claus-Peter März: Jesus nach dem Zeugnis der Evangelien, S. 9–12.

! Historische Rückfragen

1. Streitfrage
Die Evangelisten nennen sowohl Nazereth als auch Betlehem als Geburtsort Jesu. Nazareth oder Betlehem – wer hat Recht? Beantworten Sie diese Fragestellung durch Analyse der folgenden Bibelstellen: Mt 2,4–6; Lk 2,4f; Mk 6,1–6; Mk 1,24; Mk 10,47f; Mk 14,07; Mk 16,6; Lk 4,34; Lk 24,19.

2. Zeitstrahl
Stellen Sie die Daten über den historischen Jesus in einem Zeitstrahl dar.

3. Recherchieren
Das Turiner Grabtuch wird von vielen Gläubigen als das Tuch verehrt, in dem Jesus von Nazareth nach seiner Kreuzigung begraben wurde. Recherchieren Sie im Internet: Ist das Grabtuch echt? Aus welcher Zeit stammt es?

3.0 Worte und Taten Jesu

3.1 Gleichnisse

„Die Zeit ist erfüllt, und das Reich Gottes ist nahe herbeigekommen, kehrt um und glaubt an die Frohbotschaft." (Mk 1,15) Die Reich-Gottes-Botschaft ist das Zentrum der Verkündigung und des Selbstverständnisses Jesu. In den Wundertaten und in den Gleichnissen verwirklicht sich das Reich Gottes, obwohl Jesus nie eine Erklärung abgibt, was er darunter versteht. Im folgenden Kapitel werden die Worte und Taten Jesu in seinen Wundern und Gleichnissen entfaltet, dann wird seiner Faszination, seinem unbedingten Ruf in die Nachfolge nachgegangen und schließlich seine Gottesbeziehung als Mitte seines Selbstverständnisses beleuchtet. „Solches alles redete Jesus in Gleichnissen zu dem Volk, und ohne Gleichnis redete er nichts zu ihnen." (Mt 13,34)

(Mk 4,1–9)
Das Gleichnis vom Sämann

1 Ein andermal lehrte er wieder am Ufer des Sees, und sehr viele Menschen versammelten sich um ihn. Er stieg deshalb in ein Boot auf dem See und setzte sich; die Leute aber standen am Ufer.
2 Und er sprach lange zu ihnen und lehrte sie in Form von Gleichnissen. Bei dieser Belehrung sagte er zu ihnen:
3 Hört! Ein Sämann ging aufs Feld um zu säen.
4 Als er säte, fiel ein Teil der Körner auf den Weg, und die Vögel kamen und fraßen sie.
5 Ein anderer Teil fiel auf felsigen Boden, wo es nur wenig Erde gab, und ging sofort auf, weil das Erdreich nicht tief war;
6 als aber die Sonne hochstieg, wurde die Saat versengt und verdorrte, weil sie keine Wurzeln hatte.
7 Wieder ein anderer Teil fiel in die Dornen und die Dornen wuchsen und erstickten die Saat, und sie brachte keine Frucht.
8 Ein anderer Teil schließlich fiel auf guten Boden und brachte Frucht; die Saat ging auf und wuchs empor und trug dreißigfach und hundertfach.
9 Und Jesus sprach: Wer Ohren hat zum Hören, der höre!

Aktualisierungsversuch des Gleichnisses vom Sämann

Bei einer Tagung hielt ein Professor einen Vortrag. Den Teilnehmenden versprach er, die gesamte Power-Point-Präsentation sowie weiterführende Literaturhinweise digital zur Verfügung zu stellen. Er versandte sie noch vor Ende der Tagung per Mail an die Teilnehmenden. Einige löschten die Mail sogleich, ohne sie zu lesen. Bei anderen landete sie im Spam-Ordner. Andere öffneten zwar die Dateien, überflogen sie aber nur kurz, bevor sie sie in den Papierkorb verschoben. Wieder andere speicherten die Unterlagen ab und leiteten sie darüber hinaus voller Begeisterung an Freunde und Interessierte auf der ganzen Welt weiter.

SchülerInnen des Grundkurses kath. Religion am Schelztor-Gymnasium, Esslingen 2010

! Aktualisierung

- Versuchen Sie eine eigene Deutung des biblischen Gleichnisses.
- Halten Sie die Aktualisierung für eine angemessene Übertragung des biblischen Gleichnisses in die heutige Bilderwelt?
- Weitere Hinweise auf biblische Gleichnisse finden Sie auf Seite 15. Wählen Sie sich ein Gleichnis und versuchen Sie eine Aktualisierung, indem Sie zeitgenössische Bilder verwenden.

Walter Back: Das vierfache Ackerfeld

! Bildbetrachtung

Beschreiben Sie die vier Teile des Bildes, indem Sie die Einprägungen im Papier in jedem Feld beachten. Versuchen Sie eine Deutung.

3.1 Gleichnisse

Reich Gottes: Gleichnisse

Die Gleichnisse sind die wichtigste Form der Lehre Jesu (Mk 4,1–34). Auch von Pharisäern und Rabbinen sind Gleichnisse überliefert. Wie alle guten Lehrer haben sie die Möglichkeiten des anschaulichen, packenden, lehrreichen Erzählens geschätzt. ... Wer eine Geschichte zu erzählen weiß, fesselt die Aufmerksamkeit, schafft Identifizierungen mit den Figuren und ermöglicht so Übertragungen, die auf neuen Einsichten und Motivationen beruhen.
Jesus war ein begnadeter Gleichniserzähler. Jedes literaturwissenschaftliche Lexikon nennt seine Gleichnisse als Musterbeispiele der Gattung. Sie erheben aber auch einen starken theologischen Anspruch. Nach Mk 4,11f. erschließen sie das „Geheimnis der Gottesherrschaft". Sie offenbaren es, aber sie zeigen zugleich, dass die Nähe und Ferne, die Gegenwart und Zukunft der Gottesherrschaft ein Mysterium ist, das sich nur denen eröffnet, die Jesus mit den Augen des Glaubens zu sehen beginnen. Die Gleichnisse verstopfen denen die Ohren, die Jesus ablehnen, weil sie seine Vision der Gottesherrschaft nicht teilen. Doch sie öffnen allen die Ohren, die Gott zu Hörern des Wortes machen will: „Denn nichts ist verborgen außer zu dem Zweck, offenbar zu werden" (Mk 4,21).
Die Gleichnisse sind Bildgeschichten. Aber sie malen nicht das Glück der Vollendung im Himmelreich aus, obgleich sie auch die alttestamentlich geprägten, archetypischen Bilder des Mahles (Lk 14,15–24 par Mt 22,1–10; Lk 15,22f.) und der Hochzeit (Mk 2,19f. parr.; Mt 22,1–12; 25,1–13) verwenden. Jesus erzählt vielmehr Alltags- und Festtagsgeschichten aus der Welt der Hörer: von Königen und Knechten, von Hausfrauen und Grundbesitzern, von Bauern und Richtern, von Witwen und Kindern, Vätern und Söhnen. Es sind Geschichten aus Küche und Backstube, Haus und Hof. Es sind Feld-, Wald- und Wiesengeschichten. Jesus schaut auch ins Buch der Natur. Aber seine Gleichnisse erzählen nicht von der weiten Landschaft Galiläas, den hohen Bergen des Libanon oder den Gefahren des Meeres, sondern bleiben im Bereich, der von den Menschen kultiviert ist: auf dem Acker, im Garten, auf dem Fischerboot. Die Gleichnisse sind so konkret, dass sie einer Sozialgeschichte Galiläas reiches Anschauungsmaterial geben: von Agrartechniken bis zu Lohnzahlungen, von Korruption bis zu Erpressung, von Pacht- und Erbrecht bis zur Schuldknechtschaft. Viele Gleichnisse arbeiten aber auch mit Symbolen, die aus der Geschichte Israels, aus dem Alten Testament bekannt sind: Beim Weinberg darf man an Israel, beim Samen an das Wort Gottes, beim Bräutigam an den Messias denken. Die Symbole sprengen nicht die Geschichten, sondern geben ihnen Tiefgang.
Es sind glückliche und traurige Geschichten, überraschende und typische. Immer sind sie auf den Punkt formuliert; sie können leicht behalten und gut nacherzählt werden.

Die Gleichnisse informieren nicht nur über die Gottesherrschaft, sondern verkünden sie. Diese Verkündigung ist ein „Sprechakt": Jesus bewirkt, was er besagt, dadurch, dass er es sagt. Gleichnisse veranschaulichen und verwirklichen das Kommen der Gottesherrschaft – so wie auf andere Weise die Seligpreisungen und die Exorzismen (Lk 11,20 par. Mt 12,28). Jesus benutzt unterschiedliche Techniken, um mit den Gleichnissen die Nähe der Gottesherrschaft zu vermitteln. Er setzt ganz auf die Kraft des Erzählens. Er arbeitet mit den Hörern, ihren Gefühlen, ihrem Wissen, ihren Vorurteilen. Das Gleichnis vom verlorenen Sohn (Lk 15,11–32) macht immer einen intensiven Eindruck – aber unterschiedlich je nachdem, in welcher Lebenssituation die Hörer sich befinden. Wer in der Lage des jüngeren ist – wer wünschte sich dann nicht einen Vater wie den im Gleichnis und Gott so, wie das Gleichnis ihn ins Bild setzt? Wer hingegen sich eher mit dem älteren Sohn, dem Zuhausegebliebenen, identifiziert - wer würde nicht heimlich oder offen gegen die Großzügigkeit des Vaters dem Taugenichts gegenüber rebellieren und müsste sich dann fragen lassen, ob es nicht doch eigentlich sein Wunsch wäre, das Fest der Lebens mitzufeiern? Wer das Gleichnis vom Festmahl (Lk 14,16–24 par. Mt 22,1–14; vgl. Seite 25) draußen an den Hecken und Zäunen hört – wer würde nicht hoffen, ganz unverhofft eingeladen zu werden? Und wer sich eigentlich eingeladen wusste und meinte, etwas Besseres vorzuhaben – wer würde dann in einem Winkel seines Herzens nicht hoffen, zu denen draußen vor der Tür zu gehören, die am Ende das Gastmahl genießen können? Wer als Jude zugibt, dass der Priester und der Levit versagt haben, während der Samariter das einzig richtige getan hat, ist schon den ersten Schritt auf dem Weg gegangen, den Jesus ihn führen will (Lk 10,30–34).
Jesus spricht in seinen Gleichnissen seine Hörer auf ihre Erfahrungen und ihr Ethos an – und zeigt ihnen, wie tief es reicht, wenn sie es von Gott verwandeln lassen. Die Gleichnisse sind so erzählt, dass es schwerfällt, ihrer Logik sich zu entziehen. Nichts ist gewaltloser als parabolisches Erzählen, das die Übertragung in die Freiheit der Hörer legt – und nichts ist kraftvoller. Das Wunder des Verstehens zielt auf das Wunder des rettenden Glaubens. In den Gleichnissen kommt die Gottesherrschaft nahe – so dass in jeder Spur, die sie gegenwärtig zieht, deutlich wird, dass der Weg ins Unendliche läuft.

Thomas Söding: Lehre in Vollmacht. Jesu Wunder und Gleichnisse im Evangelium der Gottesherrschaft

! Funktion von Gleichnissen

1. Erklären Sie die Wirkung der Gleichnisse Jesu auf seine Zuhörer und auf uns heute.
2. Erheben Sie aus dem Text die Funktionen der Gleichnisse.

Weitere Funktionen von Gleichnissen

1. Die Gleichnisse ziehen die Leserinnen und Leser in den Text hinein. Sie sind aufgefordert Stellung zu beziehen.
2. Gleichnisse fordern zu Anwendungen der erzählten Geschichten auf.
3. Die Leserinnen und Leser werden mit einer neuen Sicht Gottes konfrontiert und zu neuem, verändertem Leben und Handeln eingeladen.
4. Die Gleichnisse verkünden das Reich Gottes als „machtvolle Güte, die allen gerecht wird."
5. Das Reich Gottes kommt dynamisch nahe, nicht evolutionär, sondern „im Kontrast zwischen Scheitern und Gelingen, Kleinheit und Größe."
6. Die Botschaft vom Reich Gottes deckt die Untätigkeit der Menschen auf und lässt sie in eine Krise geraten.
7. Jesus setzt sich und seine Verkündigung in den Gleichnissen in Szene.

! Weitere Entfaltungen der Reich-Gottes-Botschaft

1. Lesen Sie dazu folgende Gleichnisse: Lk 12,16–21; Lk 15,1–10; Mt 20,1–16; Mk 4,3–9; Mk 4,30–32; Mt 21, 28–32; Mk 12,1–12 und ordnen Sie die Aussagen entsprechenden Gleichnissen zu.
2. Erarbeiten Sie aus folgenden Gleichnissen Lk 15,11–32; Lk 14,16–24; Lk 10,25–34; Mt 13,44–46; Mt 18, 23–35; Mk 4,26–34 weitere Grundaussagen zur Verkündigung Jesu.

Lk 10, 25–37 Das Gleichnis vom barmherzigen Samariter – unterschiedliche Annäherungen

! Das biblische Geheimnis

1. Stellen Sie dieses Gleichnis in den Zusammenhang der Reich-Gottes-Botschaft Jesu.
2. Können Sie sich erklären, warum dieses Gleichnis zu den bekanntesten Gleichnissen Jesu gehört?

Notwendige Sacherklärungen
Priester und Levit: Am Tempel in Jerusalem leiteten sie die Gottesdienste und waren für die Durchführung der Opferhandlungen verantwortlich. Sie mussten das jüdische Reinheitsgebot einhalten, d.h. sie wurden unrein, wenn sie einen Hautkranken oder Toten berührten.
Samariter: Sie wohnten im Gebiet des ehemaligen Nordreichs (nördlich von Judäa) und hatten mit Samaria eine eigene Hauptstadt und einen eigenen Tempel. Zwischen Judäa und Samaria herrschte Feindschaft, so dass die Samariter sogar als Fremde bei den Juden galten. Sie belästigten die nach Jerusalem pilgernden Juden.

Roland Peter Litzenburger: Der barmherzige Samariter, Feder und Tusche, 1968

! Bildbetrachtung

1. Beschreiben Sie das Bild und achten Sie besonders auf die Gestalt des Überfallenen und des Samariters. Achten Sie dabei auf die Verteilung der Farben Schwarz, Weiß und Grau.
2. Versuchen Sie eine Deutung des Hintergrundes: Baum und Esel.
3. Welchen Aspekt des Gleichnisses hebt das Bild hervor?

Lk 10,30–37 heute

„Schließlich kam ein Samariter des Weges ..."
Also ich finde: Der arme Kerl
hat ausgesprochen Schwein gehabt:
schon der dritte, der vorbeikam, half.
Als ich neulich eine Panne hatte,
hielt erst der siebenundzwanzigste.
Na ja, so ändern sich die Zeiten.

Lothar Zenetti: Die wunderbare Zeitvermehrung

! Aktualisierung

1. Halten Sie die Aussage des Textes für realistisch?
2. Gestalten Sie ein Rollenspiel. Folgende Personen sind notwendig: Der Überfallene, der Priester, der Levit, der Samariter und der Wirt. Abweichend vom Text können Sie sich unterschiedliche Handlungsweisen überlegen.
3. Überlegen Sie, wo Menschen heute in Bedrohungssituationen geraten und wie sich Passanten verhalten. Gehen Sie dabei auch vom biblischen Text aus.
4. Informieren Sie sich über Situationen, die Zivilcourage erfordern, und über Personen, die Zivilcourage gezeigt haben. (Internetadressen: aktion-tu-was.de, eingreifen.de, gesicht-zeigen.de, schueler-mobbing.de, zeige-courage.de)

3.2 Wunder

Johannes hörte im Gefängnis von den Taten Jesu. Da schickte er seine Jünger zu ihm und ließ ihn fragen: „Bist du der Kommende, oder müssen wir auf einen anderen warten?"
Jesus antwortete ihnen:
„Geht und berichtet Johannes, was ihr hört und seht: Blinde sehen wieder, und Lahme gehen; Aussätzige werden rein, und Taube hören; Tote werden auferweckt, und den Armen wird die Heilsbotschaft verkündet. Und wohl dem, der keinen Anstoß nimmt an mir!" (Mt 11, 2–6)

Es ist unbestreitbar, dass Jesus Taten vollbrachte, die von den Zeitgenossen als Wunder erlebt wurden. Jesus stellte diese in den Zusammenhang seiner Botschaft von der Nähe der Herrschaft Gottes. Die Bibel kennt allerdings keine einheitliche Bezeichnung für Wunder. Sie spricht u. a. von „Zeichen", „Machttaten", „Großtaten" und von „staunenserregenden Dingen". Jesus setzt seine Wunder nicht propagandistisch oder für sich selbst ein oder denkt gar daran, irgendein Geschäft damit zu machen. Die Wunder können allerdings seinen Anspruch in Vollmacht nicht eindeutig beweisen, denn sie bleiben zweideutig und können unterschiedlich ausgelegt werden. Ihre Bedeutung wird erst eindeutig vom Glauben an die Gottesherrschaft her. Die Wunder Jesu wollen Hinweise sein, Zeichen für Gottes Menschenfreundlichkeit und für seine Absicht, die Menschen, besonders die Randexistenzen, zu retten. Um diese Gottesherrschaft zu verkündigen, genügten Jesus Worte allein nicht. Dazu bedurfte es für ihn auch der Taten. Nur so konnte sichtbar werden, dass mit seinem Leben und Auftreten die Gottesherrschaft schon ein Stück weit konkrete Wirklichkeit geworden war.
Wir haben heute Probleme, die Wunder mit unserem Wirklichkeitsverständnis zu vereinbaren. Wir denken dabei zunächst an Vorgänge, welche wie auf der Karikatur die Naturgesetze durchbrechen. Wir sind dem naturwissenschaftlichem Kausalitätsdenken unseres modernen Weltbildes verpflichtet. Will man biblische Wunderberichte verstehen, so muss man sich klar machen, dass hinter ihnen eine Wirklichkeitserfahrung steht, die nicht durch unser modernes naturwissenschaftliches Denken eingegrenzt war. Dem antiken Menschen galten alle Ereignisse als Wunder, in denen er das Wirken göttlicher oder dämonischer Kräfte zu spüren glaubte.
Das Neue Testament enthält eine große Zahl von Berichten über Wunder Jesu. Die neutestamentlichen Wundererzählungen sind deutlich von zeitgenössischen und volkstümlichen Vorstellungen beeinflusst. Die mündliche

! Karikatur

1. Beschreiben und deuten Sie die Karikatur!

2. Nehmen Sie Stellung zu dem Wunderverständnis, das hier vorausgesetzt wird.

Claude Bonneau Humarot

Überlieferung hat die Wunder verändert, gesteigert oder ursprünglich nicht wunderhafte Vorgänge in Wunder verwandelt (vgl. Lk 22,51 mit Mk 14,47). Auch wenn man vielfache Veränderungen durch die mündliche Überlieferung zugesteht, lässt sich kaum bestreiten, dass Jesus Wunder gewirkt hat.

Die verschiedenen Typen von Wundern

Aufgrund formaler und thematischer Kriterien lassen sich im Neuen Testament folgende Gruppen von Wundergeschichten unterscheiden:

- **Exorzismus**
Jesus treibt einen Dämon aus einem besessenen Menschen aus. Dieser ist an den Dämon ausgeliefert. Die Welt wurde von Dämonen beherrscht.

- **Therapie**
Heilung geschieht nicht durch Besiegen und Vertreiben eines Dämons, sondern durch Übertragung einer wundertätigen Energie (durch heilende Berührung, heilende Mittel) auf den Kranken.

- **Normenwunder**
Bei Jesus dienen sie der Entschärfung der alttestamentlichen Normen der Tora, z. B. er heilt am Sabbat, indem er das Sabbatgebot übertritt.

- **Rettungswunder**
Jesus hilft aus einer aussichtslosen Notlage. Oft durchbricht er aus unserer heutigen wissenschaftlichen Sicht in diesen Wundern scheinbar die Naturgesetze.

- **Epiphanie**
Jesus erscheint in göttlicher Herrlichkeit seinen Jüngern.

- **Geschenkwunder**
Jesus stellt materielle Güter wunderbar zur Verfügung (Wein, Brot). Diese Wunder stellen den Glauben an den göttlichen Charakter Jesu heraus.

Für Exorzismen, Therapien und Normenwunder können wir einen Ursprung beim historischen Jesus annehmen. Er selbst hat diese Formen von Wundern gewirkt; durch Exorzismen hat er sich den Vorwurf zugezogen, mit dem Teufel im Bunde zu stehen (Mk 3,22ff.), durch Normenwunder den Vorwurf, er breche den Sabbat. Für Rettungs-, Geschenkwunder und Epiphanien ist dagegen der Osterglaube Voraussetzung. Hier werden Jesus über alles Menschliche hinausgehende Fähigkeiten zugeschrieben. Diese Wunder sind insgesamt viel weniger zahlreich. Es soll damit nicht bestritten werden, dass auch in Rettungs-, Geschenkwundern und Epiphanien Erinnerungen an den historischen Jesus eingeflochten sind. Die Rettung aus Seenot greift auf tatsächliche Bootsreisen Jesu zurück, die wunderbare Speisung auf tatsächliche „Speisungen", die Verklärung auf dem Berge auf tatsächliche Aufenthalte Jesu auf einem Berg. Aber solche „Relikte" werden eingeschmolzen in Geschichten von der Offenbarung eines übermenschlichen Wesens.
Die unter Voraussetzung des Osterglaubens entstandenen Wundergeschichten waren auch nur wenig gattungsbildend. Sie lehnen sich zwar an Formen von antiken Wundern an; aber innerhalb der urchristlichen Überlieferung gibt es jeweils nur wenige Exemplare – im Unterschied zu den häufig bezeugten Exorzismen, Therapien und Sabbatkonflikten.

Gerd Theißen/Annette Merz: Der historische Jesus

! Bezug zum Text

1. Lesen Sie folgende Stellen: Lk 8, 22–25; Lk 8, 26–39; Lk 9, 10–17; Lk 13,10–17; Mk 3,1–6; Mk 9,2–10 und ordnen Sie diese den verschiedenen Typen von Wundern zu (doppelte Zuordnung ist möglich).

2. Je zwei Wunder können nach den Kennzeichen in folgendem Schema parallelisiert werden.

Suchen Sie die zusammengehörenden Wunder und ordnen Sie diese dem historischen Jesus oder dem Osterglauben zu.

Kennzeichen	Wunder des historischen Jesus	Osterglaube vorausgesetzt
Eine Macht wird gebrochen		
Ein Mangel wird behoben		
Etwas wird offenbar		

3. Erklären Sie die Aussage: „Jesus hat Wunder gewirkt und doch nicht gewirkt."

Sensibilisierungsübungen

- Ich stehe mit den Fußsohlen fest verwurzelt, die Knie locker, die Wirbelsäule aufrecht, Arme und Hände entspannt hängen lassen.
- Verschiedenes Gehen im Raum, nach einem akustischen Hinweis die Gangart wechseln (hastig, langsam, laut aufstampfend, still schleichend, stolz, müde, freudig, bedrückt, ...).
- Hintereinander, dann nebeneinander hergehen, Schulter an Schulter gehen.

Einführungs-/Körperübungen

- Überlegen Sie: Was macht Ihnen manchmal Mühe, was belastet Sie?
- Als Verkrümmte/r einzeln umhergehen und die Haltung „einfrieren".
- Als Verkrümmte/r sich hinsetzen, ein- und ausatmen.
- In dieser Haltung die Augen wandern lassen, zur Umwelt, am Körper entlang, zu den Füßen, auf den Boden.

Was alles kann ich so nicht sehen? Bewusst machen, wie eingeschränkt das Gesichtsfeld in dieser gebeugten Haltung ist.

Oder:

- Finden Sie sich zu Paaren zusammen.

Eine Partner-/in geht gekrümmt durch den Raum, die/der andere aufrecht. Nach dem Gong soll diese/dieser die Gekrümmte/den Gekrümmten aufrichten und die Rollen werden getauscht. (Jeder Durchgang ca. 2 Minuten).

- Tauschen Sie sich über ihre Gefühle und Beobachtungen als Gekrümmte und Aufgerichtete aus. Schreiben Sie ihre Gedanken auf.

Lk 13, 10–17 Die gekrümmte Frau

Bildbetrachtung

Beschreiben Sie zunächst das Bild, besonders die gekrümmte Frau und Jesus. Gehen Sie auf die Körperhaltung und die Haltung der Hände der Personen ein. Vergleichen Sie diese mit den in den Sensibilisierungsübung gemachten Erkenntnissen.

Die Heilung der gekrümmten Frau, Evangeliar Ottos III.

Lk 13, 10–17
Die Heilung einer Frau am Sabbat

10 Am Sabbat lehrte Jesus in einer Synagoge.
11 Dort saß eine Frau, die seit achtzehn Jahren krank
war, weil sie von einem Dämon geplagt wurde; ihr
Rücken war verkrümmt und sie konnte nicht mehr auf-
recht gehen.
12 Als Jesus sie sah, rief er sie zu sich und sagte:
Frau, du bist von deinem Leiden erlöst.
13 Und er legte ihr die Hände auf. Im gleichen Augen-
blick richtete sie sich auf und pries Gott.
14 Der Synagogenvorsteher aber war empört darüber,
dass Jesus am Sabbat heilte, und sagte zu den Leuten:
Sechs Tage sind zum Arbeiten da. Kommt also an
diesen Tagen und lasst euch heilen, nicht am Sabbat!
15 Der Herr erwiderte ihm: Ihr Heuchler! Bindet nicht
jeder von euch am Sabbat seinen Ochsen oder Esel von
der Krippe los und führt ihn zur Tränke?
16 Diese Tochter Abrahams aber, die der Satan schon
seit achtzehn Jahren gefesselt hielt, sollte am Sabbat
nicht davon befreit werden dürfen?
17 Durch diese Worte wurden alle seine Gegner
beschämt; das ganze Volk aber freute sich über all die
großen Taten, die er vollbrachte.

! Eine kurze Beschreibung der Krankheit

1. Die Krankheit

„Sie war verkrümmt und konnte sich nicht völlig aufrichten".
Die Frau hat sich in die Männergesellschaft der Synagoge gewagt. Sie ist verkrümmt und kann sich nicht mehr gänzlich aufrichten. Welche Leidensgeschichte mag sie hinter sich haben? Vielleicht hat die Frau zugelassen und sich daran gewöhnt, dass

- ihr immer wieder Unzumutbares „aufgehalst" wurde
- sie „sich krumm arbeiten" musste
- vieles „auf ihrem Rücken ausgetragen" wurde.

Möglicherweise konnte sie als junges Mädchen diesem Druck nicht standhalten; sie passte sich an und verkrümmte sich. Durch die Verkrümmung hält sie den Blick zwangsläufig immer nach unten auf den Boden. Da kann sehr leicht das Gefühl entstehen, von anderen Menschen schon achtzehn Jahre lang von oben herab behandelt und angesprochen zu werden. Mitmenschen auf Augenhöhe zu begegnen wagte sie kaum noch.
Trotz dauernder Unterdrückung hat sie den Glauben an ihre Würde nicht aufgegeben und wagt es als „Tochter Abrahams" an dem synagogalen Männer-Gottesdienst teilzunehmen. Wenn auch körperlich verkrümmt, innerlich richtet sie sich auf und öffnet sich auf JHWH hin, Der Glaube allein gab ihr Halt und bewahrte sie vor der Verzweiflung.

2. Diagnose der Krankheit

Sie hatte einen krankmachenden Geist – schon achtzehn Jahre lang. Dasselbe Wort „pneuma" wird in der Bibel sowohl für einen dämonischen, krankmachenden (Un-)Geist als auch für den heiligen, heilenden Geist gebraucht. Mit „pneuma" wird auch unser Atem bezeichnet. Also können wir davon ausgehen, dass die gekrümmte Frau einen krankmachenden Atem in sich trug, der nicht alle Körperorgane versorgen konnte. Offensichtlich hängt ihre körperliche Verkrümmung eng mit ihrem blockierten Atem zusammen.

3. Heilung

Eines Tages kommt Jesus, schaut sie an und gibt ihr damit ihr Ansehen zurück. Mit seinem aufmerksamen Blick für Menschen in Not („Als Jesus sie sah") wendet er sich dieser Frau zu, weil sie ihm in diesem Augenblick wichtiger ist als das Gebot der Sabbatruhe. An der Heilungsgeschichte der gekrümmten Frau wird deutlich, wie wichtig das richtige Schauen, das aufmerksame Sehen ist.
Niemand sah sie mehr an. Mit dem gleichen aufmerksamen Blick hat Jesus auch den Zöllner Zachäus oben im Baum entdeckt und all die anderen Kranken, Sünder, die seine Hilfe brauchten. „Frau, du bist von deinem Leiden erlöst", sagt er zu ihr. Und diesen Worten folgt eine Geste der Zuwendung, der menschlichen Wärme und Nähe: Jesus legt ihr die Hände auf. Was mag diese Berührung alles an Verkrampfung in der Kranken gelöst haben!
Bis heute ist die Handauflegung eine rituelle Geste, um den Heiligen und heilenden Geist herabzurufen.

Wie kann man die Wunder verstehen?

Jesus hat offenkundig seine Wundertaten als Erfahrungen mit dem Reich Gottes verstanden. Sie sind Zeichen für den Anbruch und Beginn der verheißenen endzeitlichen Gottesherrschaft (vgl. Jes 29,18f.). Das Reich Gottes beginnt hier auf Erden und wird endzeitlich vollendet. Man spricht von der Spannung „schon beginnend und noch nicht vollendet." Diese Spannung wird theologisch „eschatologischer Vorbehalt" genannt, denn das Reich Gottes steht unter dem Vorbehalt, dass es hier auf der vergänglichen Erde nicht ganz verwirklicht werden kann, sondern erst im Jenseits, d. h. eschatologisch, voll von Gott herbeigeführt wird.
Die Wundergeschichten in den Evangelien erzählen von Begegnungen mit Jesus, der von Krankheit, Übel, Not sowie von bösen Mächten befreien und in ein neues Leben in Gemeinschaft führen will. Die Wunder Jesu sind deshalb Geschichten der Befreiung. Jesus will nicht, dass irgendein

Mensch niedergebeugt ist! Er möchte freie, aufrechte Menschen, Frauen wie Männer! Jeder und jede soll vor ihm gerade stehen können. Und er bietet seine Hilfe dazu an, denn an ihm können wir uns aufrichten, wenn Verzweiflung und Kummer uns niederdrücken.
Recht verstehen werden jedoch erst die, die von innen wahrnehmen, nämlich aus der Perspektive der Kranken, Behinderten, Aussätzigen, Besessenen, eben Betroffenen. „Von innen" gesehen erweist sich die Befreiung als ein dramatisches Geschehen, das durch Krisen und Widerstände zu einem heilen Leben führt.
Die Wunder lassen nacherleben, wie Menschen aus ausweglosen Lebensverhältnissen herausgerissen und sowohl leiblich, seelisch, religiös und sozial geheilt werden. Indem sie von Befreiung erzählen, stärken sie die Zuversicht für ein heiles Leben und nähren den Traum von der Auferstehung. Sie erwecken die Hoffnung, dass die Geheilten in Zukunft ein Leben in der Gemeinschaft führen können. Die Wundergeschichten sind so gesehen Hoffnungsgeschichten.
Jesus versteht es, die jeweilige Notsituation zu erfassen. Er hat die Fähigkeit, sich in andere hineinzuversetzen. Daher sind die Wundergeschichten Geschichten für mehr Sympathie, fordern zur Sympathie mit Notleidenden auf und haben also ethische Implikationen. Sie wollen angeben, „wie man das macht". Indem sie der christlichen Gemeinde konkrete leibliche Not vor Augen stellen, wollen sie diese auch herausfordern, sich Kranken, Behinderten, „Besessenen", Hungernden und Angstbesetzten zuzuwenden, ihnen Sympathie zu zeigen. Wer zu schnell die Wunder spiritualisiert, geht an dieser entscheidenden Intention der Wundergeschichten vorbei und beteiligt sich an einer allgemeinen Verdrängung von Not und Leid. Wundergeschichten sind Hoffnungsgeschichten für Notleidende.

! Anwendung

Wenden Sie die genannten Kennzeichen der Wunder Jesu auf die Heilung der gekrümmten Frau an. Welche Konsequenzen ergeben sich aus diesem Heilungswunder für unseren Glauben?

! Ausklang: „Einander den Rücken stärken."

Verschiedene Möglichkeiten bieten sich an:

- Im Raum umhergehen. Bei der Begegnung mit einem anderen Rücken an Rücken gegeneinander lehnen, Ruhestellung einnehmen, Halt bieten, weiter gehen …
- Im Kreis stehen. Alle bücken sich. Jede/r streicht mit der rechten Hand seinem rechten Nachbarn/Nachbarin über den Rücken. Alle richten sich gleichzeitig auf.

Seit Generationen überlieferte Bilder und Vorstellungen prägen unser Denken, ohne dass wir auf den Gedanken kämen, sie zu hinterfragen. Solch ein Bild ist auch das vom „lieben" Jesus, der allen hilft, zu allen nett ist, den man einfach zurücklieben muss, wenn man kein unverbesserlicher Bösewicht ist. Um dieses Bild ein wenig zu erschüttern, soll Jesu Tun und Handeln verfremdend mit einigen Lebensregeln von heute konfrontiert werden.

Einige Thesen zu sinnvollem Verhalten

1. Nur wer im Wohlstand lebt, lebt angenehm
Das Streben nach Besitz und Wohlstand ist nicht nur für den Einzelnen gut und erfreulich; auch die Gesellschaft insgesamt kann nur gedeihen, wenn einzelne als Erfinder oder Organisatoren einer neuen Lebens- oder Geschäftsidee (sei's Auto oder Tablet-PC) Wirtschaftswachstum und Beschäftigung bewirken. Die die Entwicklung angestoßen haben, die haben ihren Wohlstand verdient. – Man kann ihn als sichtbaren Segen Gottes ansehen.

2. Der Mensch ist ein auf Zukunft angelegtes Lebewesen (Ernst Bloch)
Viele Tiere sorgen vor, z. B. das Eichhörnchen für den Winter. Umso mehr muss das der Mensch tun. Ohne Planung und Sicherung unserer Existenz morgen und übermorgen können wir im Heute nicht leben: Das gilt im Großen (z. B.: Vermeiden der Klimakatastrophe, Planen der Energieversorgung) wie im Kleinen (z. B. Lernen für die Mathearbeit nächsten Donnerstag, Ansparen der Riester-Rente für später). – Auch den Auftrag Gottes an die Menschen zu Anfang des Buches Genesis, die Erde zu beherrschen, zu bebauen und zu bewahren, kann man so verstehen.

3. Menschliches Zusammenleben braucht Regeln
Menschliche Gesellschaften brauchen, um zu funktionieren, einen Ordnungsrahmen. Solch ein Rahmen sind die Gesetze, die in einer Gesellschaft gelten. Sie müssen eingehalten werden; darauf müssen sich alle verlassen können. Wenn man Gesetze verändern will, muss man den Weg einschlagen, der dafür vorgesehen ist. Spontaner Gesetzesbruch hat Willkür und Chaos zur Folge (Ich kann nicht für mich festlegen, dass ich ab morgen so Auto fahre, als gelte der Linksverkehr). – Die Zehn Gebote Gottes sind solch ein mit kleinen Abwandlungen fast in allen Gesellschaften gültiger Ordnungsrahmen.

4. Zeig mir deine Freunde, und ich sage dir, wer du bist
Weil Menschen Gemeinschaftswesen sind, werden sie auch durch die Gemeinschaft geprägt, in der sie leben. Sie passen sich an Gewohnheiten, Normen und Wertvorstellungen an, die in ihrer Umgebung gelten. Deshalb ist

es nicht unwichtig, welchen Bekanntenkreis man sich wählt. Man wird nicht nur von anderen mit diesen Bekannten identifiziert (vor einer Einstellung sollen Personalchefs den Facebook-Freundeskreis überprüfen), man passt sich auch selber an. – In der Bibel heißt es (Jesus Sirach 22,13): „Mit einem Unvernünftigen mach nicht viele Worte, und geh nicht mit einem Schwein!"

5. Nur wer sich selber beherrscht, kann auch Erfolg bei anderen haben

Schrankenloser Genuss, gerade auch von Rauschmitteln, die die Fähigkeit zum klaren Denken einschränken, schadet dem Konsumenten und seiner Umgebung. Die Aufräumarbeiten nach den Abiparties kosten enorm viel Zeit und Geld; wer Erfolg haben will, sollte nicht jeden Abend mit Freunden abhängen. – Verzicht und Askese sind auch etwas Gottgefälliges: In allen Religionen gibt es Fastenregeln, auch Mönche und Asketen, die, um Gottes willen, oder um Erkenntnis zu erlangen, auf vieles verzichten.

! Provozierende Bibelstellen

1. Lesen Sie die folgenden Bibelstellen, und erarbeiten Sie möglichst genau Jesu Position gegenüber den fünf Thesen. Beziehen Sie dann selbst Stellung.
Es könnte sinnvoll sein, gruppenteilig vorzugehen.
Mk 10, 17–27, Joh 8, 1–11; Mk 2, 23–28; Mt 6, 25–34; Mt 11, 18f.; Mk 10, 35–45.

2. Welche Position Jesu provoziert heute am meisten, welche wohl zu seiner Zeit?

Jan Tomaschoff

Johann Mayr

Gerhart Mester

! Provozierende Karikaturen

1. Wählen Sie eine Karikatur aus. Interpretieren Sie ihre Intention möglichst genau.
2. Vergleichen Sie mit den untersuchten Bibeltexten, und versuchen Sie, Bezüge herzustellen.

3.3 Jesus fasziniert und provoziert

Jesus und die Frauen – noch eine Provokation?

Rembrandt: Maria und Martha, um 1648–50

! Vergleich: Bibeltext und Illustation

(Lk 10, 38–42)

1. Prüfen Sie, inwieweit die Bildideen der Künstler zur Erzählung des Lukas passen.
2. Bewerten Sie: Finden Sie die Antwort Jesu an Martha richtig?

Jesus und die Frauen

Um den Gehalt der Erzählung zu einer Aussage über das Verhältnis Jesu zu den Frauen verallgemeinern zu können, sollte man noch einige weitere Bibelstellen berücksichtigen. Dazu können herangezogen werden:
Lk 8, 1–3; Mk 15, 40f.; Lk 7, 36–50; Joh 4, 4–30.

Stellung der Frauen zur Zeit Jesu

Aufschlussreich ist der Vergleich mit der Stellung der Frau in der Umwelt Jesu, gerade auch bezüglich religiöser Dinge. Folgende Zitate können diese Stellung illustrieren:
„Wer seine Tochter Thora lehrt, lehrt sie Albernheit."
„Lieber möge die Thora in Flammen aufgehen, als dass sie den Frauen übergeben werde."

Beides von Rabbi Eliezer ben Hyrkanus (1./2. Jh. n. Chr.) überliefert

„Drei Lobpreisungen muss man jeden Tag sprechen:
Gepriesen sei, der mich nicht zum Heiden machte!
Gepriesen sei, der mich nicht zur Frau machte!

Jesus bei Maria und Martha nach Julius Schnorr von Carolsfeld, 1794–1874

Gepriesen sei, der mich nicht zum Unwissenden machte!
Gepriesen, der mich nicht zum Heiden machte: alle Heiden sind wie nichts vor ihm. Gepriesen, der mich nicht zur Frau machte: denn die Frau ist nicht zu Geboten verpflichtet. Gepriesen, der mich nicht zum Ungebildeten machte: denn der Ungebildete fürchtet die Sünde nicht."

Von Rabbi Juda ben Elai (um 150 n. Chr.) überliefert

Das Zeugnis einer Frau zählt vor Gericht nur halb soviel wie das Zeugnis eines Mannes.

! Jesus und die Frauen

1. Formulieren Sie zusammenfassend eine kurze Stellungnahme: Jesus und die Frauen.
2. Vergleichen Sie mit der Stellung der Frau in der katholischen Kirche heute.

3.4 Der Ruf in die Nachfolge

Wie Jesus lebte, ist im ersten Kapitel schon ein wenig geklärt worden: Er zieht in der Zeit seiner öffentlichen Wirksamkeit mit einer Gruppe von Jüngerinnen und Jüngern vor allem in Galiläa von Ort zu Ort, predigt und heilt. In diesem Unterkapitel sollen die Berufung der Jünger und die Anforderungen an sie etwas näher betrachtet werden; es lassen sich dadurch auch Rückschlüsse auf Jesu eigenes Leben ziehen. Zunächst einmal untersuchen wir an einem Beispiel, wie Jesus seine Jünger gewonnen hat.

1 Kön 19,19–21
Die Berufung des Elischa

19 Als Elija von dort weggegangen war, traf er Elischa, den Sohn Schafats. Er war gerade mit zwölf Gespannen am Pflügen, und er selbst pflügte mit dem zwölften.
Im Vorbeigehen warf Elija seinen Mantel über ihn.
20 Sogleich verließ Elischa die Rinder, eilte Elija nach und bat ihn: Lass mich noch meinem Vater und meiner Mutter den Abschiedskuss geben; dann werde ich dir folgen. Elija antwortete: Geh, aber komm dann zurück! Bedenke, was ich an dir getan habe.
21 Elischa ging von ihm weg, nahm seine zwei Rinder und schlachtete sie. Mit dem Joch der Rinder kochte er das Fleisch und setzte es den Leuten zum Essen vor. Dann stand er auf, folgte Elija und trat in seinen Dienst.

Mk 1,16–20
Die Berufung der ersten Jünger

16 Als Jesus am See von Galiläa entlangging, sah er Simon und Andreas, den Bruder des Simon, die auf dem See ihr Netz auswarfen; sie waren nämlich Fischer.
17 Da sagte er zu ihnen: Kommt her, folgt mir nach!
Ich werde euch zu Menschenfischern machen.
18 Sogleich ließen sie ihre Netze liegen und folgten ihm.
19 Als er ein Stück weiterging, sah er Jakobus, den Sohn des Zebedäus, und seinen Bruder Johannes; sie waren im Boot und richteten ihre Netze her.
20 Sofort rief er sie, und sie ließen ihren Vater Zebedäus mit seinen Tagelöhnern im Boot zurück und folgten Jesus nach.

! Textvergleich

1. Halten Sie Übereinstimmungen und Unterschiede im Verhalten Elijas und Elischas einerseits und Jesu und seiner neuen Jünger andererseits fest.

2. Was wird über Auftreten und Selbstverständnis Jesu und Elijas deutlich, und was über die Gefühle und Einstellungen Elischas und der Jünger?

3. Die meisten Bibelausleger sind der Meinung, der Evangelist Markus habe den Text bewusst nach der Vorlage im 1. Buch der Könige gestaltet. Warum könnte er das getan haben?

Ein moderner Autor hat die Begegnung mit Jesus am See Genesareth aus der Perspektive des Simon Petrus geschildert:

Es war an einem Frühlingsmorgen am See Genesareth. Ich war mit Andreas und den Männern, die mit uns arbeiteten, wie an jedem Tag der Woche in den späten Nachtstunden hinausgefahren, um zu fischen. Am Morgen waren wir wie gewöhnlich zurückgekehrt und hatten, wie so oft in den letzten Jahren, nur wenig gefangen.
An jenem Morgen stand Jesus mit einer handvoll Leuten, die ihm zuhörten, am Ufer des Sees.
Mir war die kleine Gruppe gar nicht aufgefallen, und auch als mit der Zeit immer mehr Menschen aus der Stadt und von den anderen Booten herbeikamen, bemerkte ich weder sie noch den Herrn. Gemeinsam mit meinen Männern brachte ich unseren kärglichen Fang an Land und begann, unsere Netze auszuwaschen.
Wie ich so in Gedanken verloren der Arbeit nachging, hörte ich auf einmal, dass einige Leute sich um mich herum versammelt und über mich zu lachen begonnen hatten. Verwundert sah ich auf. Sie deuteten amüsiert auf den See. Da wandte ich mich um und sah Jesus in meinem Boote stehen.
Er lächelte mich an.
Ich wusste nicht, wer er war, doch die selbstverständliche Art, mit der er von dem, was mein war, Besitz ergriffen hatte, sein gelassener und freundlicher Blick, zogen mich eher an, als dass sie mich zornig gemacht hätten.
So ging ich durch das niedrige Wasser auf ihn zu. Um so näher ich ihm kam, um so mehr ich in seine Augen blicken konnte, um so mehr nahm er mich für sich ein. Noch nie zuvor und niemals hernach habe ich in den Augen eines Menschen so viel Friede, Güte und Gelassenheit gesehen, wie in den seinen.
„Bitte fahre mich ein Stück vom Land weg“, sagte er. Und ich stieg in das Boot und tat, worum er mich gebeten hatte.

Aus: Thomas Schatten: Jesus Christus
Eine Nacherzählung des Evangeliums

! Stellungnahme

In Thomas Schattens Roman hält Jesus im Anschluss an die erste Begegnung eine Predigt von Simons Boot aus. Halten Sie die Schilderung der Stimmung des Simon für passend und stimmig? Begründen Sie.

Die Berufung des Matthäus

! Das Leben als Jünger Jesu

1. Lesen Sie Mt 9,9–13. Der Zöllner Matthäus in diesem Evangelium ist derselbe wie Levi – so heißt er bei Markus und Lukas. Erzählen Sie die Begebenheit – mit den Ergänzungen des Comics, der einen Tag im Leben Levis vor der Begegnung mit Jesus schildert – aus der Perspektive des Matthäus/Levi. Berücksichtigen Sie dabei seine Gefühle.

2. Lesen Sie Mt 8,18–22; Mk 6,6b–13; Mt 11,19. Stellen Sie zusammen, was man über die Lebensweise Jesu und seiner Jünger erfährt. Welche Einstellung zum Leben lässt sich daraus erschließen?

3. Nehmen Sie Folgendes an: Levi/Matthäus hat mit einem Jüngerkollegen eine erste Reise durch Galiläa gemacht. Jetzt blickt er auf die Wandlung in seinem Leben zurück und bewertet sie in einem inneren Monolog.

4. Vergleichen Sie noch einmal „einige Thesen zu sinnvollem Verhalten" (oben Seite 20f.), und beziehen Sie selbst Stellung.

„Sündermahlzeiten" Jesu und das endzeitliche Festmahl im Reich Gottes

Jesus hat nicht nur mit Levi / Matthäus zusammen gegessen und getrunken; er hat das, was bei uns heute noch als „orientalische Gastfreundschaft" fast sprichwörtlich ist, oft und gern gelebt. Für seine Mahlzeiten mit den „Zöllnern und Sündern" war er bei Anhängern und Gegnern bekannt. Vielleicht hat er diese gemeinsamen Festmähler als unscheinbaren Beginn dessen gesehen, was für das endgültig offenbar gewordene Gottesreich schon im Alten Testament erwartet wurde.

6 Der Herr der Heere wird auf diesem Berg / für alle Völker ein Festmahl geben mit den feinsten Speisen, / ein Gelage mit erlesenen Weinen, mit den besten und feinsten Speisen, / mit besten, erlesenen Weinen.
7 Er zerreißt auf diesem Berg die Hülle, / die alle Nationen verhüllt, / und die Decke, die alle Völker bedeckt.
8 Er besiegt den Tod für immer, / Gott, der Herr, wischt die Tränen ab von jedem Gesicht.
Auf der ganzen Erde nimmt er von seinem Volk die Schande hinweg. / Ja, der Herr hat gesprochen.

Jes 25,6–8

Sieger Köder: Das Mahl mit den Sündern

! Textvergleich

Vergleichen Sie diese Schilderung der Endzeit mit dem Gleichnis vom Festmahl (Lk 14,15–24). Suchen Sie nach Übereinstimmungen mit dem Handeln und der Predigt Jesu.

! Bildvergleich

Analysieren Sie den Aufbau des Bildes. Versuchen Sie, Intention(en) des Künstlers zu erschließen, und vergleichen Sie mit den biblischen Berichten.

3.5 Wie hat Jesus sich selbst und seine Beziehung zu Gott verstanden?

Unter den Bibelwissenschaftlern herrscht weitgehend Übereinstimmung darüber, dass das Erlebnis der Katastrophe des Todes Jesu und danach der nicht geringere Schock der Auferstehungserfahrungen das Bild der Jünger von Jesus tief greifend verändert haben und dass diese Veränderungen auch in die Darstellung der Evangelien eingegangen sind. Sein Tod wurde als notwendiges Opfer für alle Menschen verstanden, das „Widerfahrnis" der Auferstehung bewirkte, dass man ihn ganz in die Nähe Gottes selbst rückte, ja mit ihm identifizierte (So sagt Thomas zum Auferstandenen nach Joh 20, 28: „Mein Herr und mein Gott!"). Wenn man diesen „Ostergraben" ernst nimmt, dann muss man sich die Frage stellen: Wie hat sich Jesus eigentlich selbst verstanden? Was in den Evangelien ist erst nach Ostern entstanden, und was in ihnen gibt (relativ sicher) Denken und Handeln Jesu selbst wieder?
Wer Jesus ist und wie er zu Gott steht, wird besonders deutlich in den Würdenamen, die ihm gegeben werden: Sohn Gottes, Messias, Kyrios, Menschensohn und andere. Das Problem bei diesen „Hoheitstiteln" (so der Fachausdruck): Viele Bibelwissenschaftler bezweifeln, dass Jesus sie sich selbst gegeben hat; sie meinen, sie seien erst nach der Auferstehung auf Jesus angewandt worden. Um in der Frage nach dem Selbstverständnis Jesu auf sicheren Boden zu kommen, sollte man also die Reden und Taten von ihm untersuchen, von denen kaum zu bezweifeln ist, dass sie von ihm selbst stammen: Was sagen sie darüber aus, wie Jesus sich selbst verstand? Man nennt dieses unausdrückliche Selbstverständnis Jesu „implizite Christologie" (im Gegensatz zur „expliziten Christologie", die sich aus den Hoheitstiteln gewinnen lässt). Um diese implizite Christologie soll es hier gehen; einzelne Titel werden später noch zu untersuchen sein (s. u. Kap. 6 und 7).

Thesen zum Selbstverständnis Jesu

- Jesus will seinen Mitmenschen den Eindruck vollkommener Gelassenheit vermitteln: kein Schicksalsschlag kann ihm etwas anhaben.

- Jesus wollte Sieger im Freistilringen bei den Spielen in Olympia werden.

- Jesus fühlt eine besonders große Nähe zu Gott; er meint, kein anderer Mensch sei mit ihm so vertraut.

- Jesus sieht sich als Ziel- und Endpunkt der Weltgeschichte.

- Jesus will seine Fähigkeit, Menschen und Zustände, die nicht heil, nicht gut geordnet sind, wieder ganz und heil zu machen, in den Dienst der Menschen stellen. Er kann und will Mächte des Unheils vertreiben.

- Er war der Überzeugung, dass mit seiner Predigt und seinem Handeln das Reich Gottes Wirklichkeit zu werden beginnt, dass er also der Anfang dieses Reiches ist.

- Wenn Jesus ein bestimmtes Verhalten verlangt, hat das für ihn den gleichen Rang wie die 10 Gebote. Er sieht sich da auf einer Ebene mit Mose, ja mit Gott selbst.

- Jesus wollte als Wahrsager den Menschen die Zukunft der Welt vorhersagen.

- Jesus glaubt die Macht zu haben, im Namen Gottes Menschen ihre Sünden zu vergeben.

- Jesus hielt sich für den bedeutendsten Philosophen und Wissenschaftler seiner Zeit.

! Überprüfung

Lesen Sie folgende Bibelstellen: Mk 1,14f.; Mk 2,5; Mt 5,21f.; Mt 11,25–27; Mt 12,28; Lk 4,16–23. Entscheiden Sie mit Hilfe dieser Stellen, welche der Thesen zum Selbstverständnis Jesu zutreffend sind. Ordnen Sie Stellen und Thesen einander zu.

Die Meinung eines Theologen

Durch sein Auftreten und seine Verkündigung hat Jesus sein Volk zu einer letzten Entscheidung aufgerufen. Die Entscheidung für oder gegen die Annahme der Herrschaft Gottes bindet er konkret an die Entscheidung zu ihm, zu seinem Wort und zu seinem Werk. Dieser Zusammenhang wird besonders deutlich in dem Wort Mk 8,38, das seinem Grundbestand nach als jesuanisch zu gelten hat: „Wer sich … meiner und meiner Worte schämt, dessen wird sich auch der Menschensohn schämen …". Angesichts von Jesu Auftreten und Verkündigung fällt also die eschatologische Entscheidung; an ihm entscheidet man sich gegenüber Gott. Ein solcher Ruf zur Entscheidung impliziert eine ganze Christologie."

Walter Kasper: Jesus der Christus

! Zusammenfassung

Kasper entfaltet einen neuen Aspekt des Selbstverständnisses Jesu. Formulieren Sie in einem Satz eine Ergänzung zu den Thesen oben.

3.5 Wie hat Jesus sich selbst und seine Beziehung zu Gott verstanden?

Die Bergpredigt – ein christliche Ethik in Kurzfassung?

! Überschriften untersuchen

Lesen Sie die Überschriften, durch die die Bergpredigt (Mt 5–7) in Ihrer Bibel gegliedert ist.
1. Wählen Sie ein oder zwei Abschnitte aus, die Sie aufgrund der Überschriften für zentral halten.
2. Versuchen Sie eine vorläufige Charakteristik der Bergpredigt: Ist sie – eine systematische Formulierung der Ethik Jesu? – eine eher zufällige Zusammenstellung der Äußerungen Jesu zu ethischen Fragen? – die Beschreibung der Bedingungen für die Teilhabe am Reich Gottes?

Komposition des Matthäus

Die Bergpredigt (Mt 5,1–8,1) wird oft als Kern der Lehre Jesu betrachtet. Von ihrem Umfang her ist sie keine „Predigt", dafür ist sie viel zu lang. Sie ist offensichtlich erst vom Evangelisten Matthäus zusammengestellt worden. Es gibt eine viel kürzere Parallele bei Lukas (die „Feldrede", Lk 6, 20–49), einige andere Teile des Matthäustextes finden sich ebenfalls bei Lukas, verstreut über sein Evangelium. So sind sich die Bibelausleger in ihrem Befund einig: Viele Teile der Predigt sind sehr alt, Bestandteile der Spruchquelle Q, und gehen oft auf Jesus selbst zurück. Der Aufbau der Bergpredigt aber ist ein Werk des Matthäus und verrät einiges über dessen Absichten. So steigt Jesus zu Beginn auf einen Berg und am Ende wieder herunter; bei Lukas findet die Rede dagegen „in der Ebene" statt. Matthäus zeichnet Jesus als Parallele zu Mose, der die 10 Gebote auf dem Sinai empfing. Was Jesus sagt, hat also denselben Rang wie die Offenbarung an Mose. Wie die 10 Gebote beginnt die „Predigt" nicht mit Forderungen, sondern mit einer Heilszusage: den Seligpreisungen.

Die Antithesen – ein Gegensatz zum Alten Testament?

Diese Entsprechungen bedeuten aber nicht, dass Jesus die Thora des Mose ersetzen möchte. Er betont vielmehr ausdrücklich, dass er nicht gekommen ist, Gesetz und Propheten aufzuheben, sondern sie zu erfüllen (5,17). So sind die „Antithesen" des 5. Kapitels („Ihr habt gehört, dass zu den Alten gesagt worden ist ...." – „Ich aber sage euch ..." oft keine Gegensätze, sondern Verschärfungen der Bestimmungen der Thora (z.B. V. 21f.: „Ihr habt gehört ...: Du sollst nicht töten ... – Ich aber sage euch: Jeder, der seinem Bruder auch nur zürnt, soll dem Gericht verfallen sein ..."). Jesus errichtet, in der Tradition der jüdischen Schriftgelehrten, einen „Zaun um das Gesetz": Um sicher zu gehen, dass die Thora nicht verletzt wird, verlegt man die Grenze des Erlaubten ins Vorfeld der Gebote. Sicherlich geht es Jesus außerdem darum, nicht nur die böse Tat zu kritisieren, sondern ihr Entstehen in den Gedanken. – Gelegentlich gerät Jesus aber auch in einen Gegensatz zum Alten / Ersten Testament: Zwar findet sich dort nirgends der ausdrückliche Imperativ, den Feind zu hassen, den Verfassern der Psalmen z.B. war es aber selbstverständlich, dem Feind alles Böse zu wünschen (vgl. etwa den Psalm 58).

Kann man Jesu Forderungen wirklich erfüllen?

Angesichts mancher sehr hart erscheinenden Forderung hat man vermutet, die Bergpredigt richte sich nur an besonders fromme Menschen, z.B. Mönche. Man hat auch gemeint, sie sei erst erfüllbar, wenn das Reich Gottes angebrochen sei. Dagegen spricht: In 4, 25 wird die Menge und Vielfalt der Zuhörer betont: Es ist ausdrücklich sogar heidnisches Gebiet, die Dekapolis, als Herkunft der Menschen benannt, die Jesus nachfolgen. Auch der Umstand, dass alltägliche Situationen, die jedem Menschen begegnen können, zur Illustration der Forderungen verwendet werden, widerlegt solche Überlegungen. Es spricht einiges dafür, dass die überharten Forderungen (sich das Auge herausreißen) als rhetorische Zuspitzungen gemeint sind, die nicht buchstäblich erfüllt sein wollen.

(Mt 5,38–48)
Ein Beispiel: Vergeltung und Feindesliebe

38 Ihr habt gehört, dass gesagt worden ist: Auge für Auge und Zahn um Zahn.
39 Ich aber sage euch: Leistet dem, der euch etwas Böses antut, keinen Widerstand, sondern wenn dich einer auf die rechte Wange schlägt, dann halt ihm auch die andere hin.
40 Und wenn dich einer vor Gericht bringen will, um dir das Hemd wegzunehmen, dann lass ihm auch den Mantel.
41 Und wenn dich einer zwingen will, eine Meile mit ihm zu gehen, dann geh zwei mit ihm.
42 Wer dich bittet, dem gib, und wer von dir borgen will, den weise nicht ab.
43 Ihr habt gehört, dass gesagt worden ist: Du sollst deinen Nächsten lieben und deinen Feind hassen.
44 Ich aber sage euch: Liebt eure Feinde und betet für die, die euch verfolgen,
45 damit ihr Söhne eures Vaters im Himmel werdet; denn er lässt seine Sonne aufgehen über Bösen und Guten, und er lässt regnen über Gerechte und Ungerechte.
46 Wenn ihr nämlich nur die liebt, die euch lieben, welchen Lohn könnt ihr dafür erwarten? Tun das nicht auch die Zöllner?
47 Und wenn ihr nur eure Brüder grüßt, was tut ihr damit Besonderes? Tun das nicht auch die Heiden?
48 Ihr sollt also vollkommen sein, wie euer Vater im Himmel vollkommen ist.

3.5 Wie hat Jesus sich selbst und seine Beziehung zu Gott verstanden?

Eine Deutung

Das jüdische Volk wurde von der Besatzungsmacht zu Frondiensten herangezogen. Einer dieser Frondienste bestand darin, auf Aufforderung jedem Mitglied der Besatzungsmacht das Gepäck eine Meile weit zu tragen. Unter den freiheitsliebenden Juden wurde sicher heftig diskutiert, wie man zu dieser Forderung stehen solle.
Jesus gibt eine bis heute provozierende Antwort. Weder gewaltsamer noch gewaltfreier Widerstand wird empfohlen, sondern die scheinbare, aber aktive und positive Unterwerfung. Aktiv und positiv durch den freiwilligen zweiten Schritt über die Hinnahme der Kränkung hinaus. Die erste Meile erzwingt der Unterdrücker, wobei die Würde beider verletzt wird.
Die zweite Meile ist das verstehende und verzeihende Geschenk eines Freien, das auch den anderen befreit, wenn dieser es bewusst annimmt. Jesus lehrt auf diese Weise, dass wirklicher Frieden nur durch die Befreiung sowohl der Unterdrückten als auch der Unterdrücker kommt.

Wilhelm Haller: Die heilsame Alternative

Ein Widerspruch

Der Philosoph Friedrich Nietzsche (1844–1900) kritisierte die Ethik von Judentum und Christentum als „Sklavenmoral“: Sie sei von den Schwächeren, im Lebenskampf Unterlegenen ausgedacht worden, um die Stärkeren, Lebenstüchtigeren um den Genuss ihres Erfolgs zu bringen. Die Forderungen der Bergpredigt sind ein Höhepunkt der von Nietzsche kritisierten Entwicklung.

! Stellungnahmen

1. Diskutieren Sie an Beispielen (aus Geschichte, Politik oder täglichem Leben), ob, wann und wie die Strategie der Feindesliebe erfolgreich sein kann.

2. Beziehen Sie Stellung zu Nietzsches Kritik.

3. Beschreiben Sie das Foto.
Entscheiden Sie: Bringt die Gegenüberstellung der Bilder Jesu Intention zum Ausdruck?

Ein Lebensprogramm Jesu für heute

Ich bin gekommen,
damit sie das Leben haben und es in Fülle haben.

Joh 10,10b

! Lebensprogramm

Blättern Sie sich noch einmal die Seiten des Kapitels „Worte und Taten Jesu“ durch.
Entwerfen Sie dann ein „Lebensprogramm Jesu für heute“.

Foto: Peter Williams

4.0 Der Tod Jesu

4.1 Gekreuzigt unter Pontius Pilatus

Wenige Aussagen über Jesus von Nazareth sind so unumstritten: Er starb in der Amtszeit des römischen Landpflegers Pontius Pilatus am Kreuz. Wer diesen Satz, der auch im apostolischen Glaubensbekenntnis steht, verstehen will, muss zunächst über die historische Wirklichkeit der Kreuzesstrafe und die Hintergründe des Prozesses gegen Jesus Bescheid wissen. Erst dann kann man fragen, wie die Evangelisten diesen Tod gedeutet haben.

Das Felsengrab von Giv'at Hamivtar bei Jerusalem – Knochenkiste (Ossuar) Nr. 4

Ossuar Nr. 4 trägt die Inschrift „Yochanan" und enthielt die Gebeine eines etwa 25-jährigen Mannes, eines Kindes und einer weiteren Person. Das rechte Fersenbein des Mannes ist von einem schweren eisernen Nagel durchbohrt, was für den Tod am Kreuz spricht. Der grausige Fund zeigt, dass die Peiniger bei der Kreuzigung die Füße seitlich am Holz festnagelten und nicht von vorne, wie es auf christlichen Kreuzigungsszenen meistens dargestellt wird. Der Tod am Kreuz tritt nach mehreren Stunden durch Lähmung der Atmungsmuskulatur ein.

Ossuar von Giv' at Hamivtar: Genageltes Fersenbein des Gekreuzigten

Die besonders qualvolle Hinrichtung in aller Öffentlichkeit soll abschreckend wirken und ist besonders für Sklaven und Unterworfene bestimmt. Von der Gründung der Provincia Iudaea 6 n. Chr. bis zum Ende des Bar-Kochba-Aufstands 135 n. Chr. töten die Römer zehntausende Judäer auf diese Weise.

Hans-Peter Kuhnen: Mit Thora und Todesmut

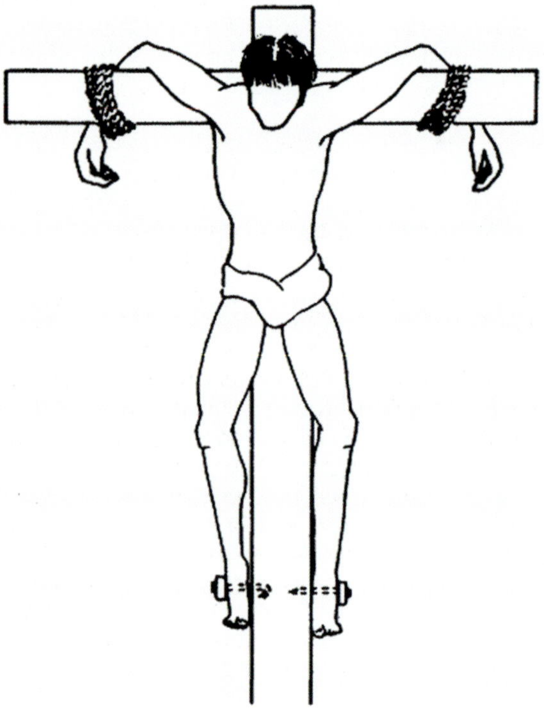

Rekonstruktion der Kreuzigung

Der Blick der Historiker: Was gesichert scheint am Tod Jesu

Das öffentliche Wirken Jesu endete nach menschlichem Ermessen in einer Katastrophe. Es lassen sich nur Vermutungen anstellen, warum Jesus die Provinz Galiläa verließ und sich in das Zentrum, in die Hauptstadt Jerusalem, begab, um dort seine Tätigkeit fortzusetzen. Für ihn drängte die Zeit. Er war davon überzeugt: Das Reich Gottes ist nahe. Es ist nicht auszuschließen, dass auch der relative Misserfolg seiner Mission in Galiläa ein wesentliches Motiv für den Ortswechsel war.
Angesichts dieser Situation entschloss sich Jesus offenbar, die Flucht nach vorn anzutreten und die Entscheidung in Jerusalem zu suchen. Dabei dürfte ihm das Risiko bewusst

gewesen sein, das er mit diesem Schritt einging. Wenn er schon in Galiläa das Misstrauen seiner Gegner geweckt hatte, so musste er in Jerusalem erst recht damit rechnen. Bei der Kompromisslosigkeit seiner Reden würden vor allem die Sadduzäer rasch auf ihn aufmerksam werden. Es war nicht zu erwarten, dass sie ihn einfach gewähren ließen. Vor allem aber war es die römische Besatzungsmacht, die Jesus zu fürchten hatte. Sie erstickte sofort im Keim jeden Aufruhr und jede (vermutete) Vorbereitung dazu. Und sein Auftreten könnte über kurz oder lang durchaus zu Unruhen unter der Bevölkerung führen. Römische wie jüdische Kreise, denen an Ruhe und Ordnung im Land gelegen war, hatten also Gründe genug, ihn bei passender Gelegenheit möglichst rasch und unauffällig zu liquidieren.
Die Evangelien berichten, dass Jesus sich im Tempelvorhof mit Händlern und Geldwechslern anlegte (vgl. Mt 21, 12–17 parr.). Diese verkauften dort Opfermaterial an Wallfahrer – Tauben, Öl und Mehl – und nahmen die von allen Juden jährlich zu entrichtende Tempelsteuer ein. Jesus, so steht es in den Evangelien, habe ihre Stände umgestoßen und die Kaufleute davongejagt. Damit störte er die öffentliche Ordnung und griff zugleich demonstrativ den Tempelkult an. Einen größeren Aufruhr scheint es aber nicht gegeben zu haben. Sonst wären wohl die jüdische Tempelpolizei oder gar römische Soldaten aus der unmittelbar an den Tempel angrenzenden Burg Antonia eingeschritten. Jedenfalls konnte Jesus nach der Aktion ungehindert im Tempelbezirk mit Jerusalemer Gesetzeslehrern diskutieren (Mk 11,19 par.). Hierbei oder schon zuvor bei der Aktion gegen die Händler könnte Jesus ein rätselhaftes Wort gesprochen haben. Er habe, so wird später in seinem Verhör von Zeugen behauptet, vom Abreißen des Tempels und vom Aufbauen eines neuen geredet (Mk 14,57–61 par.). Die Gegner Jesu könnten darin einen indirekten Messiasanspruch gesehen haben. Dieser Anspruch könnte sie dazu veranlasst haben, der römischen Besatzungsmacht einen Hinweis zu geben, dass dieser Mann eine Gefahr für die öffentliche Ordnung darstelle und dass man ihn schleunigst zum Schweigen bringen müsste.
Angesichts der Sympathien, die viele Festbesucher für Jesus hegten, könnte eine heimliche Festnahme verabredet worden sein. Diese erfolgte in der darauf folgenden Nacht durch die jüdische Tempelwache oder durch ein römisches Kommando. An der Verhaftung war Judas beteiligt. Er führte die Kohorte zu dem Ort, wo Jesus sich aufhielt. Was nun geschah, wird sich nie genau aufklären lassen. Als historisch sicher gilt, dass Jesus vom Repräsentanten der römischen Besatzungsmacht in Judäa, dem Präfekten Pontius Pilatus, zum Tod am Kreuz verurteilt und (wahrscheinlich am 24. Nisan [= 7. April] des Jahres 30 unserer Zeitrechnung) hingerichtet wurde.

Norbert Scholl: Jesus von Nazaret. Was wir wissen, was wir glauben können

! Die Sicht des Markus

Lesen Sie die Schilderung der Ereignisse in diesem Evangelium (Mk 14,1f.10f. 43–65; 15,1–41). Arbeiten Sie Unterschiede zur Darstellung Scholls heraus.

Beachten Sie besonders:
- Wen macht Markus, wen Scholl für den Tod Jesu verantwortlich?
- Mit welcher Begründung wird Jesus verurteilt?
- Es wird sehr oft aus dem Alten Testament zitiert. Suchen Sie nach Gründen dafür.
- Vergleichen Sie die Darstellung des Matthäus mit der des Markus (Mt 27,11–26 mit Mk 15,2–15). Was ist neu bei Matthäus? Welche Tendenzen seiner Bearbeitung lassen sich daraus erkennen?

Gründe für das Todesurteil in Jesu Lehre und Leben
Suchen Sie danach durch einen Rückblick auf Kapitel 3. Außerdem können folgende Bibelstellen nützlich sein. Mk 3,1–6; Mk 11,15–18; Joh 11,47–53; Lk 23,2.

Der längste Prozess

„Welchen Eindruck, glaubst Du, wird die Erzählung auf das Gemüt eines Kindes machen, wenn Du ihm von den Drangsalen, die Jesus in seinem Leben ertragen musste, berichtest, von dem Verrat, den einer seiner Gefährten an ihm beging, wie die anderen ihn verleugneten, sowie von den Beschimpfungen und Beleidigungen der anderen Juden, die ihn schließlich ans Kreuz schlugen … und die wollten, dass sein Blut über sie und ihre Kinder käme, …Wenn Du ihm berichtest, dass zur gleichen Zeit ein schändlicher Räuber lebte, der zum Tode verurteilt war; dass das (jüdische) Volk dessen Freilassung verlangte und es ihm zujubelte …, während es schrie: ‚Ans Kreuz mit ihm! Ans Kreuz mit ihm!' Sicherlich wird es fest entschlossen sein, wenn es einmal groß geworden ist, alle jene Gottlosen in Stücke zu reißen, die sich gegen die Liebe Jesu gewendet haben."
Mit diesen Worten beschreibt der dänische Theologe Sören Kierkegaard vor über 120 Jahren in seinem Buch „Einübung ins Christentum" die blutige Wirkungsgeschichte unzähliger Osterpredigten, die die Passionsgeschichte Jesu in eine Passion der Juden verwandelte.

Pinchas Lapide: Wer war schuld an Jesu Tod?

! Textvergleich

Treffen die Überlegungen Kierkegaards zu? Enthalten die Evangelien eine anti-jüdische Tendenz? Inwiefern „entschärft" die Erklärung des zweiten Vatikanischen Konzils Kierkegaards und Lapides Bedenken?

Kein christlicher Antisemitismus

Obgleich die jüdischen Obrigkeiten mit ihren Anhängern auf den Tod Christi gedrungen haben, kann man dennoch die Ereignisse seines Leidens weder allen damals lebenden Juden ohne Unterschied noch den heutigen Juden zur Last legen …
Im Bewusstsein des Erbes, das sie mit den Juden gemeinsam hat, beklagt die Kirche, die alle Verfolgungen gegen irgendwelche Menschen verwirft, nicht aus politischen Gründen, sondern auf Antrieb der religiösen Liebe des Evangeliums alle Hassausbrüche, Verfolgungen und Manifestationen des Antisemitismus, die sich zu irgendeiner Zeit und von irgend jemandem gegen die Juden gerichtet haben.
Auch hat ja Christus, wie die Kirche immer gelehrt hat und lehrt, in Freiheit, um der Sünden aller Menschen willen, sein Leiden und seinen Tod aus unendlicher Liebe auf sich genommen, damit alle das Heil erlangen. So ist es Aufgabe der Predigt der Kirche, das Kreuz Christi als Zeichen der universalen Liebe Gottes und als Quelle aller Gnaden zu verkünden.

2. Vatikanisches Konzil: Erklärung über das Verhältnis der Kirche zu den nichtchristlichen Religionen

Mathis Gothart Nithart (gen. Grünewald): Christus am Kreuz, um 1525

Innichen: St. Candidus, Kreuzigungsgruppe 2. Hälfte 13. Jh.

! Andere Deutungen des Todes Jesu

1. Auch diese Bilder deuten den Tod Jesu – wieder anders als die Texte der Evangelien. Vergegenwärtigen Sie sich zunächst alle Einzelheiten, die dargestellt sind. Halten Sie Auffälligkeiten in der Position der Figuren und der Art ihrer Darstellung fest. Versuchen Sie dann eine kontrastierende Deutung.
Ein Hinweis zur Kreuzigungsgruppe aus Innichen: Der Kopf, auf dem Jesus steht, ist der des Adam.

2. „Mein Gott, mein Gott, warum hast du mich verlassen?“ (Mk 15,34, nach Ps 22,2)
„Vater, in deine Hände lege ich meinen Geist.“ (Lk 23,46, nach Ps 31,6)
Wie deuten diese Zitate den Tod Jesu? Ordnen Sie die Stellen den Bildern zu, halten Sie auch eventuelle Differenzen fest.

3. Zusatzaufgabe: Noch einmal anders schildert Johannes (Joh 19,16b–30). Vergleichen Sie seine Darstellung mit der der anderen Evangelisten und den Abbildungen.

4.2 Durch seinen Tod sind wir erlöst?

Der Tod Jesu in den Evangelien

Alle Evangelisten versuchen das für die Anhänger Jesu zunächst einmal katastrophale Ereignis so zu deuten, dass all das geschehen musste, „damit sich die Schrift erfülle" (Mk 14,49 u.a.). Sie übernehmen Elemente der Handlung aus dem Alten Testament und schildern mit dessen Worten (ausdrücklich Joh 19, 28: Jesus sagt, „damit sich die Schrift erfüllte: Mich dürstet"). Er ist der leidende Gerechte der Psalmen (Zusatzaufgabe für Interessierte: Wie oft ist der 22. Psalm in der Schilderung der Kreuzigung bei Matthäus zitiert?); er ist der leidende Gottesknecht des Jesaja.
Alle Evangelisten haben außerdem die Neigung, in der Schuldfrage die Römer zu entlasten und das jüdische Volk und seine Führer zu belasten. Diese Tendenz steigert sich von Markus zu Matthäus und Johannes. Hintergrund ist einmal, dass es für die Mission im Römischen Reich schwierig und gefährlich war, einen nach römischem Recht zum Tode Verurteilten als Heiland der Welt zu verkünden. Darüber hinaus kam es, vor allem aufgrund des jüdischen Krieges (in dem die Christen sich nicht auf die Seite der aufständischen Juden stellten und neutral blieben) und der Zerstörung des Tempels, zu immer heftigeren Auseinandersetzungen zwischen der sich bildenden Kirche und der Synagoge.
Der Ausruf „des ganzen Volkes" bei Matthäus: „Sein Blut komme über uns und unsere Kinder", der in den Judenverfolgungen des Mittelalters immer wieder eine furchtbare Rolle spielte, ist im Blick auf diesen Krieg zu erklären: Die zehntausende Opfer, die die grausame Kriegführung der Römer unter den Juden kostete, werden von Matthäus als Erfüllung dieses Wortes gedeutet – eine Prophezeiung aufgrund des geschehenen Ereignisses.
Der Vorwurf der „Gotteslästerung" (Mk 14,64) ist vermutlich aus dieser Polemik zwischen Kirche und Synagoge zu erklären; Grund für die Verurteilung Jesu war er eher nicht. Jesus ist vielmehr als politischer Aufrührer hingerichtet worden (dafür wurde die Kreuzigung genutzt; sie ist eine römische Strafe, dafür spricht auch der Titel auf dem Kreuz).
Die Erzählung von der Freilassung eines zum Tode Verurteilten am Passahfest ist möglicherweise nicht historisch: Diese Begnadigung konnte nur der Kaiser selbst aussprechen; von einem Recht oder einer Sitte, dass dies auch untergeordnete Beamte bei besonderen Gelegenheiten hätten tun dürfen, findet sich nirgends im Römischen Reich eine Spur. So könnte auch diese Erzählung eingefügt sein, um Pilatus zu entlasten.

„Was meint man, wenn man sagt: Jesus ist für uns gestorben?" Diese Frage eines Kindes kann einen Erwachsenen in Schwierigkeiten bringen. – Bin ich so schlecht, dass Jesus für meine Schuld sterben musste? – Hat Gott das verlangt? Was ist das für ein Gott, der so etwas verlangt? – „Jesus hat uns von Sünde und Tod erlöst": Muss ich jetzt nicht mehr sterben? Wenn ich aber doch sterben muss, wieso hat mich Jesus dann erlöst? – Was heißt das überhaupt, Erlösung, erlösen?
Diese Fragen werden die folgenden Texte nicht restlos beantworten können. Eine Hilfe in dieser Richtung möchten sie immerhin bieten. – Zunächst einmal werden wir fragen, wie Jesus selbst seinen Tod verstanden hat. In wiefern könnte er ihn als Dienst für alle Menschen angesehen haben? – In der Geschichte des Christentums wurde der Begriff des Opfers zur entscheidenden Verständnishilfe für Jesu Leid und Tod. Wie kam es dazu, und kann dieser Begriff auch heute noch unsere Deutung des Todes Jesu bestimmen?
Man hat den Christen vorgeworfen, aufgrund ihrer Konzentration auf die Erlösung durch den Tod Jesu sei dessen Leben vor dem Tod zu einer weniger wichtigen Nebensache geworden. Dass beides zusammenhängt, der Tod Konsequenz aus Jesu Leben ist, darf man nicht übersehen.

Fataler Aspekt

Seit er meinen Bruder
kreuzigen ließ,
um sich
mit mir zu versöhnen,
weiß ich,
was ich von meinem Vater
zu halten habe.

Theodor Weißenborn

Es gibt keine größere Liebe,
als wenn einer sein Leben
für seine Freunde hingibt.

Johannes-Evangelium, 15,13

Wie hat Jesus seinen Tod verstanden?

Die Jünger haben Jesu Tod als Katastrophe erlebt und erst nachträglich und sehr langsam gelernt, ihn als ein Ereignis zu verstehen, das für das Heil aller Menschen von entscheidender Bedeutung ist. Diesen Lernprozess hält z.B. Lk 24,13–35 fest: Jesus erklärt den Jüngern auf dem Weg nach Emmaus, warum er leiden und sterben musste. Deswegen sind Worte, in denen Jesus schon längere Zeit vorher seinen Tod als notwendig ankündigt, ihm wohl erst nachträglich in den Mund gelegt worden (die Leidensweissagungen in den synoptischen Evangelien z.B.). Andererseits war Jesus sicher klar, dass sein Gang nach

4.2 Durch seinen Tod sind wir erlöst?

Jerusalem ein äußerst gefährliches Unternehmen werden würde: Er hatte Kritik am Tempelkult geübt, in Prophezeiungen (Mk 14,58; Apg 6,14; Joh 2,19: Er werde den Tempel abreißen – das wurde wahrscheinlich erst nachträglich von den Jüngern auf Tod und Auferstehung Jesu gedeutet) und prophetischen Zeichenhandlungen (die Vertreibung der Händler aus dem Tempel); die Priester-Aristokratie in Jerusalem war ihm sicherlich nicht wohl gesonnen. Er hat die Auseinandersetzung mit ihr als unvermeidlich angesehen und dabei die Möglichkeit zu sterben in Kauf genommen. Ihm hat außerdem das Beispiel des Täufers vor Augen gestanden, den Herodes hatte hinrichten lassen. Das Wort über Jerusalem, das die zu ihm gesandten Propheten „steinigt" (Lk 13,34), passt nicht zur Todesart Jesu und könnte deshalb ursprünglich, von Jesus selbst gesagt sein. Dann belegt es Jesu Erwartung seines Todes. Vielleicht hat er zugleich gehofft, dass das Reich Gottes anbrechen werde, nachdem und weil er sich bis zum Äußersten, bis zur Hingabe seines Lebens, für es eingesetzt hätte. Dass Jesus jedenfalls der Meinung war, nach den unscheinbaren Anfängen, die sein Leben und sein Handeln gesetzt hatten, werde sehr bald das Reich Gottes in Macht beginnen („Naherwartung", vgl Lexikon „Apokalyptik"), ist kaum zu bestreiten: Worte wie Mt 10,23 oder 16,28 können angesichts der „Parusieverzögerung", des tatsächlichen Nichtkommens des Gottesreichs nach seinem Tod, nicht erfunden sein.

! Alternativen

1. Suchen Sie nach Handlungsmöglichkeiten, die Jesu Leben gerettet hätten. Vergleichen und bewerten Sie.

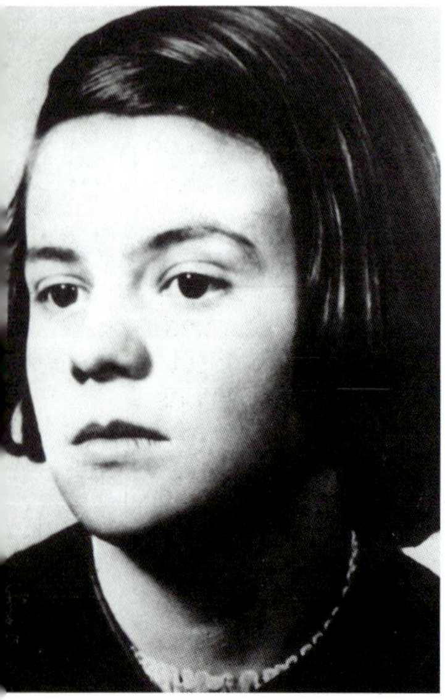

2. Verstehensmöglichkeiten
Inwiefern könnte Jesus seinen Tod als Dienst für alle Menschen verstanden haben?

3. Untersuchen Sie unter dieser Fragestellung die Worte Jesu beim letzten Abendmahl (Mk 14,22–25 und Parallelstellen, auch bei Paulus).
Klären Sie mit Ihrem Lehrer, wieweit die Bibelwissenschaft diese Worte für historisch hält.

4. Vergleich
Vergleichen Sie Jesus mit Menschen aus unserer Zeit, die bereit waren, das Leben für ihre Überzeugung einzusetzen – z. B. den beiden abgebildeten.

Das vierte Lied vom Gottesknecht

Er wurde verachtet und von den Menschen gemieden,
ein Mann voller Schmerzen,
mit Krankheit vertraut.
Wie einer, vor dem man das Gesicht verhüllt,
war er verachtet: Wir schätzten ihn nicht.
Aber er hat unsere Krankheiten getragen
und unsere Schmerzen auf sich geladen.
Wir meinten, er sei von Gott geschlagen,
von ihm getroffen und gebeugt.
Doch er wurde durchbohrt wegen unserer Verbrechen,
wegen unserer Sünden zermalmt.
Zu unserem Heil lag die Strafe auf ihm,
durch seine Wunden sind wir geheilt.
Wir hatten uns alle verirrt wie Schafe,
jeder ging für sich seinen Weg,
Doch der Herr lud auf ihn
die Schuld von uns allen.

Doch der Herr fand Gefallen an seinem zerschlagenen Knecht,
er rettete den, der sein Leben als Sühnopfer hingab.
Jes. 53, 3–6.10

Opfer biblisch

Die Religiosität Israels war von mannigfaltigen Opfern geprägt. ... Das Opfermahl ist Feier der Gemeinschaft mit Gott und hat für das Eigentumsvolk Gottes gemeinschaftsbildende Kraft. Nach dem Exil dient ein verstärktes Opferwesen der Versöhnung Gottes (Sühne-Opfer; reinigende Wirkung des Blutes). Unter den mannigfaltigen Gestalten des Opfers ragen Brand- und Speiseopfer hervor. Zur Kultkritik der Propheten und der Weisheit gehörte auch die Kritik an einem magischen und einem automatisch-

Francisco de Zurbarán (1598–1667): Lamm Gottes

mechanischen Opferverständnis. So beginnt bereits in vorchristlicher Zeit eine Erneuerung des Opfergedankens durch Betonung der innerlichen Vorgänge (Gebet, Almosen, Fasten, Demut). ... Jesu eigene Haltung gegenüber dem Opferwesen ist von der Kultkritik der Propheten und vom Vorrang der religiös-praktischen Haltung (Einheit von Gottes- und Menschenliebe: Mk 12, 28–34 u. ö.) vor dem Ritus geprägt (Mt 5, 23f.).

Herbert Vorgrimler: Neues theologisches Wörterbuch, (aus dem Art. „Opfer")

Die Erlösung durch den Tod Jesu am Kreuz

Das Verständnis des Todes hat den ersten Jüngerinnen und Jüngern offenbar große Probleme bereitet. Sie versuchten zu verstehen, warum der Bote Gottes ermordet, aufgehängt wird und insofern scheinbar scheitert. Sie haben unter anderem versucht, dieses Ereignis auch mit Vorstellungen und Begriffen der alttestamentlichen Kulttheologie zu deuten. So wird für die Lebenshingabe Jesu der kultische Terminus „Opfer" verwendet. Dieses Wort wird aber vom Schicksal Jesu ganz neu gedeutet und es geschieht eine inhaltliche Neufüllung des alten Wortes: Es wird nicht irgendein Tier geschlachtet, sondern das eigene Leben hingegeben. Diese Personalisierung des Kultverständnisses gibt auch dem Begriff Priester einen neuen Inhalt. Vor allem der Brief an die Hebräer legt dies ausführlich dar. Jesus, der nicht zum Stamm Levi gehörte, sondern in zeitgenössischer Sicht „Laie" war, wird nun Priester genannt, Hoherpriester sogar, weil er sich selbst zur Gabe macht, Priestersein und Gabesein fallen ineinander. Eucharistie will dies erinnern, vergegenwärtigen. Mit den alten Kult- und Opfervorstellungen hat dieses neutestamentliche Verständnis also fast nichts mehr zu tun. Das Wichtigste aber ist: Die Umkehrung der Perspektive! Nicht wir müssen Gott durch Opfer „versöhnen", auch Jesus muss nicht durch sein Lebensopfer etwa den zürnenden Gott besänftigen, sondern Gott schenkt „seinen Sohn". Die neue Perspektive ist: Gott kommt auf uns zu, nicht umgekehrt. Gott zeigt in der Person Jesu, wie weit er in seiner Liebe und Gewaltlosigkeit zu gehen bereit ist, selbst da er auf Ablehnung und die blutige Vernichtung seines Boten stößt. Jesus selbst stellt sich diesem Liebeswerben zur Verfügung, indem er sich ganz Gott überlässt. Das ist seine Antwort. Für uns Christen heißt das: Von uns wird die Bereitschaft erwartet, mit Jesus Christus in beide Bewegungsrichtungen einzutreten, auf die Menschen hin, auf Gott hin. Dass wir uns für die Mitmenschen im Sinne des Evageliums einsetzen und dafür streiten, dass Böses nicht mit Bösem vergolten wird; und dass wir Gott vertrauen auch in den Dunkelheiten des Lebens.

Theodor Schneider

Holzkreuz aus El Salvador

4.2 Durch seinen Tod sind wir erlöst?

! Kreuz und Opfer im Alten Testament

Stellen Sie kontrastierend einander gegenüber:

- Was am Geschehen des Kreuzestodes nimmt alttestamentliche Opfervorstellungen auf?

- Was ist anders und widerspricht ihnen?

! Bildvergleich

Wozu passt die Symbolik des Lammes besser? Begründen Sie.

Den Teufelskreis des Bösen durchbrechen

Wie soll man es verstehen, dass die geschichtlich einmalige Person Jesu und ihr einmaliges Geschick ein für allemal Grund des Heils für alle Menschen sein sollen? In der Vergangenheit hat man dazu verschiedene Vorstellungen entwickelt, deren Wurzeln ins Neue Testament selbst zurückreichen. Eine solche Vorstellung etwa kommt aus dem Bereich des Rechtes. Danach hat Jesus durch seinen Kreuzestod aus Liebe und Gehorsam uns die Gnade und Liebe Gottes „verdient", er hat für unsere Schuld der Gerechtigkeit Gottes „genuggetan". Eine andere Vorstellung stammt aus dem Gottesdienst, genauer: dem Opferkult. Danach hat der Kreuzestod Jesu den Charakter eines Versöhnungsopfers …
Was diese Bilder meinen, machen wir uns am besten so klar: Jesus hat, wie wir sahen, sich ganz von der Liebe Gottes ergreifen lassen, die ihn ergriff, und sich bis zur Aufgabe seines Lebens ganz an Gott und die Menschen hingegeben. Dadurch aber hat sich in der Geschichte etwas Neues, bisher nicht da Gewesenes ereignet: An einem Punkt der Geschichte ist der Teufelskreis des Bösen durchbrochen worden, die Liebe Gottes ist, durch kein menschliches Versagen verstellt, in reiner Gestalt in der Person und dem Leben eines Menschen erschienen. Das kann nicht ohne Auswirkungen auf die anderen Menschen, die Mitmenschen dieses einen in Vergangenheit, Gegenwart und Zukunft bleiben. Denn alle Menschen gehören schicksalhaft zusammen, im Guten wie im Bösen, im Heil wie im Unheil. Keiner lebt für sich … Nun ist es eine der unheilvollen Grundbedingungen, unter denen faktisch alle Menschen leben, dass ihr Leben von Gewalt, Hass, Lüge und Schuld, kurz: von vielfältigem und tief reichendem Zwang geprägt ist. Schlichte Erfahrung, der keine anders lautende Theorie erfolgreich widersprechen kann, sagt uns, dass wir uns daraus niemals selbst von Grund auf befreien können. Wenn unter diesen Voraussetzungen Jesus Christus den Teufelskreis des Bösen in seiner Person und in seinem Handeln und Leiden durchbricht, dann haben sich zugleich grundsätzlich die Bedingungen für das Leben aller Menschen geändert – so wahr alle Menschen zusammengehören. Eine neue Möglichkeit, das Menschsein zu verstehen und zu bestehen, ist eröffnet worden …
Die Entscheidung, sich von dieser Möglichkeit ergreifen zu lassen, nennen wir Glaube – Glaube an Gott unter Berufung auf Jesus Christus. Wer diesen Glauben wagt, durchbricht mit Christus und wie Christus den Teufelskreis des Bösen und tritt in den solidarischen Zusammenhang einer neuen Menschheit. Er ist in der Welt der Gewalt und der Lüge nicht mehr ohne Alternative, er erfährt sich als frei – und Christus als den Grund dieser Freiheit (vg. Gal 5, 1.13). In der Sprache der Tradition ausgedrückt: Er ist „erlöst".

Walter Kasper (und Ferdinand Hahn):
Gottes sichtbare Liebe
In: Johannes Feiner / Lukas Vischer: Neues Glaubensbuch

! Textuntersuchung

1. Formulieren sie, worin nach Meinung des Autors der „Teufelskreis des Bösen" besteht. Warum und wie durchbricht ihn Jesus?

2. Versuchen Sie, dieses Geschehen in einem Schaubild darzustellen.

3. „Kaspers Deutung der Erlösung durch das Kreuz kommt ohne Rückgriff auf die Opfervorstellung aus." Stimmt dieser Satz? Begründen Sie.

! Bildvergleich

1. Untersuchen Sie, welche Bereiche aus dem Leben der Menschen heute auf dem Holzkreuz aus El Salvador dargestellt sind.

2. Prüfen Sie, ob und wie die Deutungen des Kreuzestodes, die in diesem Kapitel vorgestellt werden, mit der Darstellung auf dem Holzkreuz zu vereinbaren sind. Welche Deutung passt am besten?

5.0 Auferweckt am dritten Tage

5.1 Auferstehung und Reinkarnation

Am Grab eines Menschen stellt sich unweigerlich die Frage: „Gibt es ein Leben nach dem Tod – oder ist nun alles zu Ende?" Irgendwann im Leben werden wir mit dieser Frage konfrontiert. Alle Weltreligionen beschäftigen sich mit dieser Frage und versuchen darauf eine Antwort zu geben.
Im Christentum gehört der Glaube an die Auferstehung von den Toten und das ewige Leben zu den zentralen Inhalten. Paulus formuliert dies so: „Wenn es keine Auferstehung der Toten gibt, ist auch Christus nicht auferweckt worden. Ist aber Christus nicht auferweckt worden, dann ist unsere Verkündigung leer und euer Glaube sinnlos. Wir werden dann als falsche Zeugen Gottes entlarvt, weil wir im Widerspruch zu Gott das Zeugnis abgelegt haben: Er hat Christus auferweckt."
(1 Kor 15,13–16)
Die Schriften des Neuen Testaments berichten nicht, wie die Auferstehung Jesu stattgefunden hat. Es handelt sich um ein Ereignis, das sich wissenschaftlich nicht beweisen lässt. Nachweisbar ist, dass die Anhänger Jesu davon überzeugt waren. Diese Überzeugung findet ihren Ausdruck in Bekenntnisformeln (z. B. 1 Kor 15, 3–5), in Erzählungen vom leeren Grab (z. B. Joh 20, 11–18) und in Erzählungen von der Begegnung mit dem Auferstandenen (z. B. Lk 24, 13–25).

! Schreibgespräch

Auferstehung – Reinkarnation – ewiges Leben.
Welche Vorstellungen verbinde ich damit?

Auferstehung und Reinkarnation
Was lockt am Reinkarnationsglauben in seiner westlichen Variante? Dieser in seiner reflektierten Ausprägung von Anthroposophen und Esoterikern vertretene Glaube besagt: In einer zyklischen Reihe von Wiedergeburten pilgert die Seele von Körper zu Körper und erhält so die Chance, zu einem immer höheren Bewusstsein ihrer selbst zu gelangen, sich immer mehr zu vervollkommnen. Dabei ist die Art der Wiedergeburt jeweils abhängig von den Taten des betreffenden Menschen. Dies ist das Gesetz des Karma. Es besagt: „Wie man handelt, wie man wandelt, so wird man. Handelt man gut, wird man gut, tut man Schlechtes, so wird man schlecht." Es besagt weiter, dass jede Tat und jede Unterlassung äußere und innere Wirkungen hinterlässt, die die künftigen Leben prägen. Das Karma-Gesetz erhält eine positive Deutung. Der Mensch trägt die Verantwortung für den Prozess der zyklischen Wiedergeburten, der eine Aufwärtsbewegung darstellt. Aufschlussreich ist, dass dem Reinkarnationsglauben in seiner östlichen Ausprägung eine gegenteilige Intention zugrunde liegt. Im Hinduismus und Buddhismus geht es um das sehnsüchtige Verlangen, aus dem Kreislauf der Wiedergeburten aussteigen zu können.
Das immer gleiche Neue wird als Alptraum erlebt. Das ständige Werden und Vergehen wird als kosmisches Gesetz wahrgenommen, in das der Mensch, genauer: der unsterbliche Teil seiner Natur, eingebettet ist. ...
Es gibt durchaus Gemeinsamkeiten zwischen dem christlichen Auferstehungsglauben und den Reinkarnationsvorstellungen: Da ist zunächst der Glaube an ein Leben über den Tod hinaus. Der Glaube an ein Leben über den Tod hinaus wird eng mit dem gegenwärtigen Leben verknüpft... Der Sünder schafft sich selbst seine Strafe. Meine mich heute belastenden Verkehrtheiten haben ihre Ursachen nicht nur in den Fehlentscheidungen meiner individuellen Lebensgeschichte, sondern auch in der Menschheitsgeschichte vor mir (christlich: Erbsünde). Schließlich verbindet Christentum und Reinkarnationismus das Motiv der Läuterung (christlich: Fegefeuer/Purgatorium).
Doch es gibt auch Unterschiede. Sie sind es, die zur Entscheidung für den einen oder den anderen Glauben herausfordern ...
Die Provokation des Auferstehungsglaubens liegt zum einen im Festhalten an der Einmaligkeit der Person, an dem einen Leben. Und – im Zusammenhang des Glaubens an ein „Letztes (göttliches) Gericht" – in der Erwartung eines Endes der Zeit, einer Beendigung der Zeit ... Es ist Gott, der die Zeit beendet: die Zeit des Menschen und den Ablauf des evolutiven Weltgeschehens. Damit ist das Ziel christlicher Hoffnung benannt: Es ist Gott. Im Glauben an die Reinkarnation, wie er im Westen vertreten wird, ist dagegen ... „die Evolution zum eigentlichen Heilsziel geworden ... Träger der Hoffnung ist eigentlich die Vorstellung, dass sich alles immer weiter vervollkommnet, dass alles Elend und alles Übel, das uns heute begegnet, nur vorläufig ist und durch den gesetzmäßigen Gang der Welt einst verschwinden wird. Die Reinkarnation spielt darin nur die Rolle zu garantieren, dass man selbst in dieser besseren Welt noch einmal dabeisein kann, dass man ganz konkret etwas davon hat." Man erhält immer wieder eine neue Chance. Es ist die Zeit selbst, die rettet.
Was diese religiös-evolutive Weltanschauung von der christlichen unterscheidet: Der Fortschrittsoptimismus bedarf keiner Gnade mehr. Die Vorstellung vom Gott, der dem Menschen im Tod mit seinem Erbarmen begegnet, ist verschwunden. Im christlichen Verständnis darf das Leben dagegen unabgeschlossen, also Fragment bleiben. Gott fordert keine „göttliche", also „unmenschliche" Vollkommenheit: Das kurze Erdenleben kann genug sein.

Hartmut Meesmann: Vom Recht, unvollkommen zu bleiben.

! Auferstehung und Reinkarnation

Zeigen Sie auf, was diese beide Vorstellungen verbindet und unterscheidet.
Berücksichtigen Sie dabei 1 Kor 15.

5.2 Das älteste Zeugnis

Im Neuen Testament ist das Zeugnis für die Auferstehung in kurzen Bekenntnisformeln überliefert. Die berühmteste dieser Formeln findet sich im ersten Korintherbrief (1 Kor 15, 3–8):

3 Denn vor allem habe ich euch überliefert,
was auch ich empfangen habe:
Christus ist für unsere Sünden gestorben,
gemäß der Schrift,
4 und er ist begraben worden.
Er ist am dritten Tage auferweckt worden,
gemäß der Schrift,
5 und erschien dem Kephas, dann den Zwölf.
6 Danach erschien er mehr als fünfhundert Brüdern
zugleich; die meisten von ihnen sind noch am Leben,
einige sind entschlafen.
7 Danach erschien er dem Jakobus,
dann allen Aposteln.
8 Als Letztem von allen erschien er auch mir,
dem Unerwarteten, der „Missgeburt".

Zu den Versen 3–5 schreibt Walter Kasper:

Diese Formel wird von Paulus als Überlieferung, die er bereits vorgefunden hat, eingeführt. Es handelt sich also um einen sehr alten Text, der schon in den 40er Jahren, vielleicht schon Ende der 30er Jahre in den ältesten Missionsgemeinden, wahrscheinlich in Antiochien, in Gebrauch war. Wir kommen mit diesem Text also in große zeitliche Nähe zu den überlieferten Ereignissen um Jesu Tod und Auferstehung. …
Dieses Bekenntnis besteht aus zwei parallel gestalteten Strophen mit jeweils zwei Versen.
Aufgrund des parallelen Aufbaus der beiden Strophen ist es möglich, die zweite Strophe in Entsprechung zur ersten Strophe zu interpretieren. In der ersten Strophe wird zunächst eine geschichtliche Aussage gemacht („Christus ist gestorben"), diesem geschichtlichen Ereignis wird dann eine soteriologische Bedeutung zugesprochen („für unsere Sünden"), die als Erfüllung der alttestamentlichen Verheißung verstanden wird („gemäß der Schrift"); der zweite Vers („und er ist begraben worden") dient der Bestätigung, denn das Begräbnis ist nach jüdischem Verständnis Abschluss und Besiegelung des Todes. Überträgt man dieses Schema auf die zweite Strophe, dann ergibt sich, dass es sich auch bei der Aussage von der Auferweckung um ein geschichtliches Ereignis handeln muss, dessen soteriologischer Sinn mit Hilfe des Theologoumenons vom dritten Tag zum Ausdruck kommt, wofür wieder ein „Schriftbeweis" gegeben wird; die Erscheinungen vor Petrus und den Zwölfen dienen der Bestätigung dieser Heilsgeschichte.

Vorweg zu klären ist, inwiefern der Aussage „am dritten Tag" eine mehr soteriologische als historische Bedeutung zukommen soll. Dabei soll nicht ausgeschlossen werden, dass dahinter ursprünglich auch ein historisches Datum stand, entweder die Entdeckung des leeren Grabes oder die erste Erscheinung am dritten Tag. Dass jedoch die historische Aussage zumindest sekundär ist, kommt schon dadurch zum Ausdruck, dass sich statt der Redewendung »am dritten Tag« auch die andere „nach drei Tagen" oder „nach dem dritten Tag" findet. Wichtiger ist jedoch die Tatsache eines rabbinischen Theologoumenons, wonach Jahwe den Israeliten bzw. den Gerechten nicht länger als drei Tage in Not lässt. Dieses Theologoumenon hat einen Anhalt in Hos 6,2: „Nach zwei Tagen wird er uns neu beleben, am dritten Tag wird er uns aufrichten, dass wir leben vor ihm." Auch auf die Legende, wonach Jonas drei Tage und drei Nächte im Bauch eines Fisches war (Jon 2,1), konnte man sich berufen. Mit dem dritten Tag ist also zum Ausdruck gebracht: Jahwe hat mit der Auferweckung Jesu eingegriffen, um seinen Gerechten zu befreien; die Auferweckung Jesu ist ein Heilsereignis, durch das die Schrift in Erfüllung gegangen ist. Sie ist die entscheidende heilsgeschichtliche Wende, der endgültige Erweis der Treue, Gerechtigkeit und Liebe Gottes.

Soteriologie/soteriologisch: Erlösung(slehre), erlösend.

Theologoumenon: theologische Stilfigur, Lehrsatz.

Walter Kasper: Jesus der Christus

! Bekenntnisformel

Verdeutlichen Sie diese Interpretation von 1 Kor 15, 3–5 in einer tabellarischen Darstellung.

! Übermalprojekt

Der Künstler Arnulf Rainer (geb. 1929) ist durch Übermalungen von Kreuzesdarstellungen bekannt geworden. Er wählt dazu eine traditionelle Kreuzesdarstellung und übermalt diese flächig mit roten und gelben Farbtönungen.

1. Recherchieren Sie im Internet solche Darstellungen von Arnulf Rainer und überlegen Sie, welche Wirkung von diesen Übermalungen ausgeht.

2. Versuchen Sie selbst die Übermalung einer Kreuzesdarstellung.

5.3 Biblische Ostergeschichten

! Auferstehungsbild

1. Sehen Sie sich in Ruhe das untenstehende Bild an und versuchen Sie eine Deutung.

2. Erklären Sie einer Mitschülerin und einem Mitschüler, warum das Bild den Titel „Auferstehung“ hat.

Fritz Nonnenmacher: Auferstehung

(Joh 20, 11–18) Das leere Grab

11 Maria aber stand draußen vor dem Grab und weinte.
Während sie weinte, beugte sie sich in die Grabkammer
hinein.
12 Da sah sie zwei Engel in weißen Gewändern sitzen,
den einen dort, wo der Kopf, den anderen dort, wo die
Füße des Leichnams gelegen hatten.
13 Die Engel sagten zu ihr: Frau, warum weinst du? Sie
antwortete ihnen: Man hat meinen Herrn weggenommen,
und ich weiß nicht, wohin man ihn gelegt hat.
14 Als sie das gesagt hatte, wandte sie sich um und
sah Jesus dastehen, wusste aber nicht, dass es Jesus
war.
15 Jesus sagte zu ihr: Frau, warum weinst du? Wen
suchst du? Sie meinte, es sei der Gärtner, und sagte zu
ihm: Herr, wenn du ihn weggebracht hast, sag mir,
wohin du ihn gelegt hast. Dann will ich ihn holen.
16 Jesus sagte zu ihr: Maria! Da wandte sie sich ihm zu
und sagte auf hebräisch zu ihm: Rabbuni! das heißt:
Meister.
17 Jesus sagte zu ihr: Halte mich nicht fest; denn ich
bin noch nicht zum Vater hinaufgegangen. Geh aber
zu meinen Brüdern, und sag ihnen: Ich gehe hinauf zu
meinem Vater und zu eurem Vater, zu meinem Gott
und zu eurem Gott.
18 Maria von Magdala ging zu den Jüngern und
verkündete ihnen: Ich habe den Herrn gesehen. Und sie
richtete aus, was er ihr gesagt hatte.

! Bild-Text-Vergleich

1. Betrachten Sie zunächst das Bild von Sieger Köder (Seite 38) und achten Sie dabei auf einzelne Elemente, z. B. die Körperhaltung der Frau.

2. Lesen Sie nun die biblische Erzählung (Joh 20, 11–18).

3. Welchen Zeitpunkt der Erzählung hat der Maler im Bild festgehalten?

5.3 Biblische Ostergeschichten

Sieger Köder: Maria Magdalena am Grab

(Lk 24,13–35)
Begegnung mit dem Auferstandenen

13 Am gleichen Tag waren zwei von den Jüngern
auf dem Weg in ein Dorf namens Emmaus, das sechzig
Stadien von Jerusalem entfernt ist.
14 Sie sprachen miteinander über all das, was sich
ereignet hatte.
15 Während sie redeten und ihre Gedanken austausch-
ten, kam Jesus hinzu und ging mit ihnen.
16 Doch sie waren wie mit Blindheit geschlagen, sodass
sie ihn nicht erkannten.
17 Er fragte sie: Was sind das für Dinge, über die ihr
auf eurem Weg miteinander redet? Da blieben sie traurig
stehen,
18 und der eine von ihnen – er hieß Kleopas – ant-
wortete ihm: Bist du so fremd in Jerusalem, dass du
als einziger nicht weißt, was in diesen Tagen dort
geschehen ist?
19 Er fragte sie: Was denn? Sie antworteten ihm:
Das mit Jesus aus Nazaret. Er war ein Prophet, mächtig
in Wort und Tat vor Gott und dem ganzen Volk.
20 Doch unsere Hohenpriester und Führer haben ihn
zum Tod verurteilen und ans Kreuz schlagen lassen.
21 Wir aber hatten gehofft, dass er der sei, der Israel
erlösen werde. Und dazu ist heute schon der dritte Tag,
seitdem das alles geschehen ist.
22 Aber nicht nur das: Auch einige Frauen aus unserem
Kreis haben uns in große Aufregung versetzt. Sie waren
in der Frühe beim Grab,
23 fanden aber seinen Leichnam nicht. Als sie zurück-
kamen, erzählten sie, es seien ihnen Engel erschienen
und hätten gesagt, er lebe.
24 Einige von uns gingen dann zum Grab und fanden
alles so, wie die Frauen gesagt hatten; ihn selbst aber
sahen sie nicht.
25 Da sagte er zu ihnen: Begreift ihr denn nicht? Wie
schwer fällt es euch, alles zu glauben, was die Propheten
gesagt haben.
26 Musste nicht der Messias all das erleiden, um so
in seine Herrlichkeit zu gelangen?
27 Und er legte ihnen dar, ausgehend von Mose
und allen Propheten, was in der gesamten Schrift über
ihn geschrieben steht.
28 So erreichten sie das Dorf, zu dem sie unterwegs
waren. Jesus tat, als wolle er weitergehen,
29 aber sie drängten ihn und sagten: Bleib doch bei
uns; denn es wird bald Abend, der Tag hat sich schon
geneigt. Da ging er mit hinein, um bei ihnen zu bleiben.
30 Und als er mit ihnen bei Tisch war, nahm er das Brot,
sprach den Lobpreis, brach das Brot und gab es ihnen.
31 Da gingen ihnen die Augen auf und sie erkannten
ihn; dann sahen sie ihn nicht mehr.
32 Und sie sagten zueinander: Brannte uns nicht
das Herz in der Brust, als er unterwegs mit uns redete
und uns den Sinn der Schrift erschloss?
33 Noch in derselben Stunde brachen sie auf und
kehrten nach Jerusalem zurück und sie fanden die Elf
und die anderen Jünger versammelt.
34 Diese sagten: Der Herr ist wirklich auferstanden
und ist dem Simon erschienen.
35 Da erzählten auch sie, was sie unterwegs erlebt und
wie sie ihn erkannt hatten, als er das Brot brach.

! Textinterpretation

1. Teilen Sie den Text in Sinnabschnitte ein und geben Sie diesen Abschnitten Überschriften.
2. Welche Elemente der Erzählung können als der historische Rahmen angesehen werden? Markieren Sie im Text Vorgänge, die Ihnen unhistorisch erscheinen.
3. Verfassen Sie eine knappe Gesamtdeutung der Erzählung.

5.4 Worum es bei der Auferstehung geht

Jesus ist nicht in ein normales Menschenleben dieser Welt zurückgekehrt wie Lazarus und die anderen von Jesus auferweckten Toten. Er ist in ein anderes, neues Leben hinausgetreten – in die Weite Gottes, und von da aus zeigt er sich den Seinigen.
Dies war auch für die Jünger etwas völlig Unerwartetes, mit dem sie sich erst langsam zurechtfinden mussten. Der jüdische Glaube kannte zwar die Auferstehung der Toten am Ende der Zeiten. Das neue Leben war mit dem Anbruch einer neuen Welt verbunden und war so auch durchaus verstehbar: Wenn es eine neue Welt gibt, dann gibt es dort auch eine neue Weise des Lebens. Aber eine Auferstehung ins Endgültige und Andere hinein mitten in der weitergehenden alten Welt war nicht vorgesehen und daher zunächst auch nicht verstehbar. Deshalb war den Jüngern die Auferstehungsverheißung zunächst unbegreiflich geblieben.
Der Prozess des Gläubigwerdens vollzieht sich analog zum Fall des Kreuzes. An einen gekreuzigten Messias hatte niemand gedacht. Nun war das Faktum da, und es war vom Faktum her die Schrift neu zu lesen … Die neue Lektüre der Schrift konnte freilich erst nach der Auferstehung beginnen, weil erst durch sie Jesus als der Gesandte Gottes beglaubigt war. Nun musste man beides, Kreuz und Auferstehung, in der Schrift suchen, sie neu verstehen und dadurch zum Glauben an Jesus als Sohn Gottes gelangen.
Dies wiederum setzt voraus, dass die Auferstehung für die Jünger so real war wie das Kreuz. Es setzt voraus, dass sie einfach von der Wirklichkeit überwältigt wurden; dass sie nach allem anfänglichen Zögern und Verwundern sich der Realität nicht mehr widersetzen konnten: Er ist es wirklich. Er lebt, und er hat zu uns gesprochen, sich uns zu berühren gegeben, auch wenn er nicht mehr der Welt des normalerweise Berührbaren zugehört.
Das Paradox war unbeschreibbar: dass er ganz anders war, keine wiederbelebte Leiche, sondern ein von Gott her neu und für immer Lebender. Und dass er doch gerade so, obwohl nicht mehr unserer Welt zugehörend, zugleich real da war, ganz er selbst. Es ging um eine ganz einzigartige Erfahrung, die die gewöhnlichen Erfahrungsräume sprengte und für die Jünger doch ganz unbestreitbar war. Von daher erklärt sich die Eigenart der Auferstehungszeugnisse: Sie sprechen von etwas Paradoxem, von etwas, das alle Erfahrung überschreitet und dennoch ganz real da ist.
Aber kann es wirklich so gewesen sein? Können wir – zumal als moderne Menschen – solchen Zeugnissen Glauben schenken? …
Die Erscheinungen, von denen uns die Evangelisten berichten, sind ganz offensichtlich anderer Art. Zum einen erscheint der Herr als Mensch wie andere Menschen: Er wandert mit den Emmaus-Jüngern; er lässt seine Wunden durch Thomas berühren, ja, nach Lukas lässt er sich sogar ein Stück Fisch zum Essen reichen, um seine wahre Leibhaftigkeit zu beweisen. Und doch ist er auch nach diesen Erzählungen nicht einfach ein wiedergekommener Mensch wie vor dem Tod.
Da ist zunächst auffällig, dass die Jünger ihn zuerst nicht erkennen. Das ist nicht nur bei den beiden von Emmaus der Fall, sondern auch bei Maria von Magdala und wieder am See von Genezareth: „Als es schon Morgen wurde, stand Jesus am Ufer. Doch die Jünger wussten nicht, dass es Jesus war" (Joh 21,4). Erst nachdem der Herr ihnen den Auftrag zur nochmaligen Ausfahrt erteilt hatte, erkannte ihn der Lieblingsjünger: „Da sagte der Jünger, den Jesus liebte, zu Petrus: Es ist der Herr!" (21,7). Es ist sozusagen ein Erkennen von innen her, das aber immer noch vom Geheimnis umfangen bleibt. Denn nach dem Fischfang, als Jesus sie zum Essen einlädt, ist immer noch eine seltsame Fremdheit da. „Keiner von den Jüngern wagte ihn zu fragen: Wer bist du? Denn sie wussten, dass es der Herr war" (21,12). Sie wussten es von innen, nicht durch Aussehen und Ansehen.
Dieser Dialektik von Erkennen und Nichterkennen entspricht die Weise des Erscheinens. Jesus kommt durch verschlossene Türen, steht plötzlich in ihrer Mitte. Und ebenso entzieht er sich plötzlich wieder, wie am Schluss der Emmaus-Begegnung. Er ist ganz leibhaft. Und er ist doch nicht an die Gesetze des Leibhaften, an die Gesetze von Raum und Zeit gebunden. In dieser merkwürdigen Dialektik von Identität und Andersheit, von wirklicher Leiblichkeit und Freiheit von den Bindungen des Leibes manifestiert sich das besondere, geheimnisvolle Wesen der neuen Existenz des Auferstandenen. Denn beides gilt: Er ist der Gleiche - leibhafter Mensch - und er ist der Neue, der in eine andere Weise der Existenz Hinausgetretene.

Joseph Ratzinger/Benedikt XVI.: Jesus von Nazareth. Zweiter Teil. Vom Einzug in Jerusalem bis zur Auferstehung.

! Erscheinungen des Auferstandenen

1. Auferstehung oder Auferweckung?
Prüfen Sie, welche Bezeichnung zutreffender ist.

2. Erläutern Sie, welche Botschaft mit dem Wort „Erscheinung" vermittelt werden soll.

Nicht das Unrecht siegt

Nach Jesu Tod haben erst die Frauen und dann auch die Männer, die mit Jesus zusammengearbeitet hatten, begriffen: Dieser Tod war nicht das Ende unserer Hoffnung auf die Befreiung Israels, sondern er brachte Befreiung. Das Volk ist frei von Gefangenschaft, befreit von Schuld, befreit von der Macht der Unterdrücker, vereint mit Gott. Es gibt einen neuen Anfang, überall wo Menschen dieser Befreiung glauben und sie in ihrem Leben verwirklichen. Das christliche Abendmahl war der wirkungsmächtige Ritus, der aus der jüdischen Martyriumstheologie hervorging und die

Erinnerung an Jesus im Christentum gestaltet hat. Die Erinnerung an den Tod des Märtyrers wurde zum Mittelpunkt eines gemeinsamen feierlichen Abendessens und zur Quelle der Hoffnung, dass die Macht Gottes größer ist als die Macht des Todes.
Die Auferstehung der Toten zum ewigen Leben ist Ausdruck der Hoffnung, dass das Unrecht nicht siegt. Auch wenn die Gewalt von Menschen gegen Menschen im Mord einen definitiven Sieg erringt, so ist dieser Sieg nur scheinbar definitiv, sagt diese Hoffnung. [...]
Jesu Auferstehung wurde also im frühen Christentum nicht als einmaliges Geschehen gedeutet, wie es das spätere christliche Dogma bis heute sagt. Es war den Menschen, die an Jesu Auferstehung glaubten, wichtig, dass alle Toten auferstehen. Sie sagten: „Er ist der Erstling der Entschlafenen." (1. Kor 15,20 u.ö.)

Dorothee Sölle/Luise Schottroff: Jesus von Nazareth

! Diskussion

„Die Auferstehung der Toten zum ewigen Leben ist Ausdruck der Hoffnung, dass das Unrecht nicht siegt."
Nehmen Sie Stellung zu dieser These.

Rembrandt: Die Erscheinung Jesu in Emmaus

Bertolt Brecht: Gegen Verführung

Laßt euch nicht verführen!
Es gibt keine Wiederkehr.
Der Tag steht in den Türen;
Ihr könnt schon Nachtwind spüren:
Es kommt kein Morgen mehr.

Laßt euch nicht betrügen!
Das Leben wenig ist.
Schlürft es in vollen Zügen!
Es wird euch nicht genügen
Wenn ihr es lassen müßt!

Laßt euch nicht vertrösten!
Ihr habt nicht zu viel Zeit!
Laßt Moder den Erlösten!
Das Leben ist am größten:
Es steht nicht mehr bereit.

Laßt euch nicht verführen
Zu Fron und Ausgezehr!
Was kann euch Angst noch rühren?
Ihr sterbt mit allen Tieren
Und es kommt nichts nachher.

Bertolt Brecht

! Gegen Verführung

Schreiben Sie das Gedicht von Bertolt Brecht so um, dass es die christliche Botschaft vermittelt.

! Künstlerische Umsetzungen

Fotoprojekt
Das nebenstehende Bild aus dem 17. Jahrhundert zeigt eine Darstellung des Emmausgeschehens.
Versuchen sie selbst eine fotografische Inszenierung/ Umsetzung der Emmauserzählung für das 21. Jahrhundert. Achten sie dabei besonders auf Gegenstände und den Ort des Geschehens, auf Mimik, Körperhaltung, Kleidung und Anzahl der Personen.

Triptychon
Die Seitenwand einer neu erbauten Kirche soll ein farbiges Triptychon mit dem Thema „Der Gang der Jünger nach Emmaus" erhalten. Entwerfen Sie dieses Triptychon.

6.0 Ein jüdischer Rabbi – oder der Messias der Christen?

6.1 Vom jüdischen Jesus zum Messias des Paulus

Viele jüdische Wissenschaftler, die sich näher mit Jesus beschäftigt haben, halten ihn für einen jüdischen Rabbi wie viele andere seiner Zeit. Sie sehen ihn durchaus positiv, können ihn aber nicht als den Messias anerkennen. – In den Texten dieses Kapitels wird zunächst diese Position erläutert und mit einer christlichen Gegen-Meinung konfrontiert. Dann wird an Matthäus und Paulus die Bandbreite aufgezeigt, die die Zeugnisse des Neuen Testaments in dieser Frage aufweisen: War Jesus ein jüdischer Rabbi wie andere, oder war er der Messias, der Erlöser, der für das Heil aller Menschen vor Gott entscheidend ist? – Am Ende wird man fragen müssen: Wie ausschließlich ist dieser Gegensatz? Kann man nicht beides auch zusammensehen? – Den Abschluss des Kapitels bilden eine Darstellung und ein Text, die Jesus in die Nähe einer antiken Gottheit rücken – eine Übertreibung der Vorstellung von Jesus als Erlöser?

Der Rabbi von Nazareth

Jesus war ein Pharisäer (*perusch* = Schrifterklärung). Darauf verweisen sein Titel Rabbi, den ausschließlich pharisäische Schriftgelehrte führten, und seine Lehren. Schon früh soll er mit Pharisäern diskutiert und sich gut in der Tora ausgekannt haben (Lk 2,46); bereits als Junge habe er im Tempel gelehrt (Lk 2,29). Das legt nahe, dass er von damaligen Rabbinen gelernt hat. Viele der ihm zugeschriebenen Aussprüche vermitteln allgemeines religiös-jüdisches Traditionsgut (z. B. die Bergpredigt und das Vaterunser). Sein Heilen am Schabbat und die Betonung der Nächstenliebe als zentralem Gebot (Mk 12,28ff) folgen den Lehren Hillels des Älteren, der wohl größten rabbinischen Autorität aus der Zeit vor der Zerstörung des Tempels. Hillel wurde für seine milde Rechtsprechung berühmt. Sein zentraler Lehrsatz lautet: „Was dir nicht lieb ist, das tue auch deinem Nächsten nicht. Das ist die ganze Tora und alles andere ist nur die Erläuterung; geh und lerne sie!" (Babylonischer Talmud, Schabbat 31a). … Entsprechend dem pharisäischen Mainstream wollte Jesus die Tora im Alltag flexibler anwenden und ergänzte sie dazu im Sinne einer als fortlaufend verstandenen Offenbarung mit der mündlichen Auslegung. …
Nach seiner Taufe im Jordan zog Jesus ein bis drei Jahre als Wanderprediger – als einer unter vielen! – durch Galiläa und Judäa. Er predigte und verkündigte, v. a. in Form der in Israel gepflegten und beliebten Gleichnisse (*meschalim*), das nahe bevorstehende Reich Gottes, die *bessora towa* – „frohe Botschaft". … Damit trat er in die Nachfolge des jüdischen Bußpredigers Johannes des Täufers, der von Herodes enthauptet wurde.
Als Prediger, Arzt und Wundertäter gelangte Jesus zu großer Popularität, vor allem bei der armen jüdischen Bevölkerung. Das Reich Gottes, das er verkündete, entsprach der zeitgemäßen jüdischen Vorstellung: Es war nicht nur ein äußeres, das von Druck, Not und Elend befreien und Israel erhöhen sollte, sondern auch ein inneres, das die moralische Herrschaft Gottes über die Welt begründete. Jesus verkündete – und das war neu –, dass Gottes Herrschaft schon punktuell angebrochen sei (Lk 11,20), und zwar durch sein eigenes heilsames Predigen (Mt 5,3ff) und Handeln (Mt 11,2ff.; Lk 7,18ff.). … Er versprach den Armen Landbesitz (Mt 5,5) und ein „Jahr der Gunst Gottes" der gerechten Bodenreform. (Lk 4,19f. – 3. Mose 25,5; 5. Mose 15). … Bereits vor ihm hatte Hillel Lebensrettung und Wohltätigkeit für die Armen als legitime Erfüllung des Schabbatgebotes gelehrt.
Jesu religiöse Einstellung war jüdisch und entsprach den Anschauungen seiner Zeit. …
Mit Schalom Ben-Chorin gesprochen, war Jesus von Nazaret „ein Rabbi in Israel, der die Revolution der Herzen gegen eine erstarrte Gesetzlichkeit predigte". Allerdings predigte er mit keinem Wort die Loslösung vom Judentum, im Gegenteil … .

Rachel Herweg: Jesus aus jüdischer Sicht

Kein gewöhnlicher Rabbi

Das Bild dieses Rabbi unterscheidet sich jedoch erheblich von seinen Zunftgenossen. Schon äußere Merkmale zeigen das. Jesus lehrt nicht nur in den Synagogen, auch im freien Feld, an den Ufern des Sees, auf der Wanderschaft. Und befremdend ist seine Gefolgschaft. Auch die gehören dazu, die sonst ein zünftiger Rabbi sich tunlichst vom Leibe hält: Frauen und Kinder, Zöllner und Sünder. Vor allem aber unterscheidet sich seine Art zu lehren tiefgreifend von der der Rabbinen sonst. Jeder Rabbi ist Exeget der Schrift. Dies gibt seinem Amt Autorität, die sich am vorgegebenen Buchstaben der Schrift und der nicht minder autoritativen Auslegung der „Väter" zu erweisen hat. So ist ihre Autorität immer eine abgeleitete. Jesu Lehre dagegen ist niemals nur die Auslegung eines autoritativ vorgegebenen heiligen Textes, auch da nicht, wo Schriftworte zitiert werden. Immer ist die Wirklichkeit Gottes und die Autorität seines Willens unmittelbar da und wird in ihm Ereignis. Diese Unmittelbarkeit, mit der er lehrt, hat im zeitgenössischen Judentum keine Entsprechung. Sie gilt in solchem Maße, dass er an dem unmittelbar gegenwärtigen Willen Gottes sogar den Wortlaut des Gesetzes zu messen wagt.

Günther Bornkamm: Jesus von Nazareth

! Textvergleich

1. Stellen Sie zusammen: Was ist – nach Herweg – typisch jüdisch an Jesus, und warum?
Was hat er Neues gebracht?
2. Vergleichen Sie mit den Thesen Bornkamms.

6.1 Vom jüdischen Jesus zum Messias des Paulus

Jesus im Matthäus-Evangelium

Die Frage, wie weit Jesus zum Judentum zu rechnen ist, kann mit Hilfe einer Untersuchung des Matthäusevangeliums etwas genauer geklärt werden. –
Es ist dabei zweckmäßig, das Problem in eine Reihe konkreter Einzelfragen aufzuteilen:

1. Hat Jesus sich an das jüdische Gesetz gehalten? Oder hält er das Gesetz für grundsätzlich überholt?

2. Ist er vertraut mit den Bräuchen der jüdischen Religion? Setzt er ihre Einhaltung voraus, oder kritisiert er sie? – Dies sind einige solche Bräuche:
- Bis heute ist es jüdische Tradition, das Aussprechen des Gottesnamens zu vermeiden.
- Gräber im offenen Gelände mussten weiß getüncht werden, damit man sie nicht versehentlich berührte und dadurch unrein wurde.
- Mücken galten als unreine Tiere; man musste deshalb vermeiden, sie zu schlucken.

3. Wie argumentiert Jesus in der Auseinandersetzung: von außerhalb der jüdischen Religion und des Gesetzes oder eher wie ein Schriftgelehrter?

4. Wie steht Jesus zu den Heiden? Will er, dass seine Botschaft auch sie erreicht?

Versuchen Sie, diese Einzelfragen mit Hilfe der folgenden Stellen aus dem Matthäusevangelium zu beantworten: 15,1–6; 24,20; 23,1–3; 23,23f.; 23,27f.; 5,17–20; 13,31 (vgl. die synoptischen Parallelstellen!); 10,5f.; 15,24; 10,23.
Der Auferstandene wird von Matthäus anders gezeichnet; in dieser Darstellung schlägt sich die Erfahrung der Urgemeinde nach Ostern nieder. Ein Befehl des Auferstandenen ist offensichtlich in die Rede des vorösterlichen Jesus über die Endzeit eingedrungen.
Vergleichen Sie dazu folgende Stellen: 28,19 und 24,14.

Jesus Christus in der Verkündigung des Paulus

In den Briefen des Apostels Paulus spielt die Gestalt Jesu selbstverständlich eine ganz große Rolle. Um so erstaunlicher ist es aber, dass man von diesem Jesus nur recht wenig erfährt: Über seine Taten schreibt Paulus gar nichts. Ein Wunder Jesu wird nicht erwähnt; ganz selten wird auf ein Wort von ihm hingewiesen. Ausführlich zitiert wird nur der Einsetzungsbericht des Abendmahls (1. Kor 11,23–25).
Dieses Schweigen hat mit dem neuen Schwerpunkt zu tun, den Paulus setzt: Tod und Auferstehung Jesu sind das Zentrum seiner Verkündigung; daneben wird allenfalls noch betont, dass Gott seinen Sohn in die Welt gesandt hat.
Die Abendmahlsworte erläutern die Bedeutung des Todes Jesu für das Heil der Menschen. Jesu Stellung zum Gesetz, Jesu Judesein interessieren Paulus gar nicht.
Jesus ist vielmehr eine Erlösergestalt; der Glaube an ihn entscheidet über Heil und Unheil. Was in den synoptischen Evangelien allenfalls gelegentlich aufschimmert – etwa im Messiasbekenntnis des Petrus, dessen historische Echtheit nicht unumstritten ist –, ist bei Paulus zum beherrschenden Thema geworden.
Sogar der Name Jesu wird durch die Glaubensüberzeugung des Paulus verändert. Einfach „Jesus“ heißt er kaum mehr, dafür „Christus“ oder auch „Jesus Christus“. Solche erweiterten Namen benennen Jesus als den Erlöser. Die uns vertraute, wie eine Kombination aus Vor- und Familiennamen wirkende Fügung ist eigentlich eine verkürzte Aussage: „Jesus ist der Messias“. Häufig spricht Paulus auch von „Herr“ (griech. Kyrios, in der griechischen Übersetzung des Alten Testaments steht das für „Gott“) und „Herr Jesus“: auch das eine verkürzte Aussage. Oft wir die ausführliche Formel „der Herr Jesus Christus“ gebraucht.
Wenn der Glaube an Jesus als den Christus zum Heilsweg überhaupt wird, dann wird alles andere demgegenüber unwichtig, z. B. ob man als Jude lebt oder nicht. Paulus nennt sein eigenes Judesein abwertend einen (bloß) „irdischen Vorzug“, ja einen „Verlust“ (Phil 3,4–7). Die Sorge um die Einhaltung des Gesetzes hält mindestens vom Wesentlichen ab; es besteht sogar die Gefahr, dass es als eigener Weg zum Heil betrachtet und damit der Glaube an Christus letztlich überflüssig gemacht wird. Es kann hier unentschieden bleiben, ob die jüdischen Gelehrten damals das Gesetz selbst so interpretiert haben oder nicht – Paulus jedenfalls hat die pharisäische Gesetzestreue so verstanden. Er polemisiert gegen sie – und gegen die Judenchristen, die sich an das Gesetz hielten – mit großer Schärfe (vgl. z. B. Röm 7, Gal 2,11–21). Entscheidend ist die Frage der Beschneidung: Mit ihr wird von Paulus das gesamte Zeremonialgesetz (Reinheits-, Speisegebote u. ä.) abgelehnt.
Im Verzicht auf das Zeremonialgesetz und in der Beschränkung auf die Botschaft vom Heil Gottes, vermittelt durch Leiden und Auferstehung Jesu, liegt der innere Grund für die Heidenmission und ihren großen Erfolg. Paulus beginnt zwar seine missionarische Tätigkeit in den jüdischen Gemeinden der Städte des östlichen Mittelmeerraums, wendet sich aber sehr schnell auch an die heidnische Bevölkerung. Wegen dieses Vorgehens kam es immer wieder zu häufigen und heftigen Konflikten mit den Juden.

! Matthäus und Paulus

1. Stellen Sie die Differenzen zwischen den beiden neutestamentlichen Autoren heraus!

2. Suchen Sie in den Kapiteln 3 und 4 dieses Heftes nach Anhaltspunkten dafür, die die Interpretation des Paulus rechtfertigen könnten. Entscheiden Sie: Ist diese Interpretation möglich?

6.1 Vom jüdischen Jesus zum Messias des Paulus

Christus – der Sonnengott?

Im römischen Reich entwickelte sich vor allem der Kult des „Sol invictus", des unbesiegbaren Sonnengottes, zu einer Konkurrenz des sich ausbreitenden christlichen Glaubens. Das Christentum reagierte darauf nicht nur ablehnend, sondern auch so, dass man Elemente dieses Glaubens übernahm: „Christus ist die wahre Sonne (verus sol)". Sehr wahrscheinlich ist z. B. das Datum unseres Weihnachtsfestes aus diesem Kult übernommen – die Tage werden wieder länger, die Sonne ist neu geboren.

Das Mausoleum ist durch andere Bildwerke der Mosaikdecke (z. B. den Propheten Jona als Symbol der Auferstehungshoffnung) eindeutig als christlich zu identifizieren; am zentralen Motiv (von dem nur die rechte Hälfte erhalten ist) ist nicht zu entscheiden, ob Christus oder der Sonnengott Sol invictus dargestellt ist.

Dieser ist unsere Sonne, die wahre Sonne, die mit der Fülle ihres Lichtes die hellsten echten Feuer der Welt und die der am Himmel glänzenden Sterne entzündet. Dieser ist es, der einmal untergegangen und wieder aufgegangen ist, um die Untergang nie mehr zu wiederholen. Dieser, meine ich, ist es, den ein Kranz von zwölf Strahlen umgibt, nämlich die zwölf Apostel; er ist es, den nicht vier stumme Tiere auf der Bahn um den Erdkreis herumtreiben, sondern die vier Evangelien der Predigt des Heils.

Aus einer Weihnachtspredigt Zenos von Verona

Mausoleum unter der Basilika St. Peter im Vatikan, Mosaikdecke

! Bild-Text-Vergleich

1. Finden Sie die Attribute (= Merkmale) des Sonnengottes, von denen Zeno spricht, auf dem Mosaik wieder.

2. Entscheiden Sie begründet: Kann man Christus so an einen antiken Gott annähern?

3. Sehen Sie heute Tendenzen, das Jesusbild im Blick auf Überzeugungen unserer Zeit allzu sehr an diese anzupassen?

6.2 Vorstellungen vom Messias im Alten Testament

„Maschiach“ ist ein hebräisches Partizip und bedeutet „gesalbt“. In der hebräischen Bibel wird so vor allem der König genannt, dann der (Hohe)Priester, an wenigen Stellen auch ein Prophet. König und Priester wurden bei ihrer Amtseinführung gesalbt und so in ein besonderes Verhältnis zu Gott gestellt. Jedenfalls drückt die Salbung eine Auszeichnung mit besonderer Würde aus. Schon in relativ frühen Texten wurde ein Gesalbter Gottes (Messias) für die Zukunft erwartet.
Manche Propheten kennen die Vorstellung von einem zukünftigen, persönlichen Messias nicht. Sie glauben, dass Gott allein die Menschen erlöst. Mittlergestalten erscheinen ihnen unnötig. Diese Propheten schildern lediglich eine messianische Zeit.
Vor dem Exil wird ein Messias aus dem Haus Davids erwartet, der Israel vor äußerer Unterdrückung schützt und das davidische Großreich wiederherstellt, in dem Israel über seine Nachbarvölker herrscht. Gewalt gegen diese Völker wird als Gottes Wille bejaht. Der erträumte Messias-König kann „Sohn Gottes“ heißen (Gott „adoptiert“ ihn am Tag der Thronbesteigung).
Nach dem Exil wird die ersehnte Herrschaft des Messias zu einem utopischen Friedensreich „bis an die Enden der Erde“: Es herrschen Gerechtigkeit unter den Menschen und Friede zwischen den Völkern, sogar zwischen Menschen und Tieren und den Tieren untereinander. Der Verzicht auf Gewalt geht manchmal so weit, dass ein Leiden des Messias möglich erscheint. – Daneben dauern die Gewalt bejahenden, auf Israel als Nation begrenzten Sehnsüchte auch an.

! Zuordnung

Lesen Sie Micha 4, 1–5; Jes 11, 1–10; Jes 34,1–15, und ordnen Sie diese Visionen den verschiedenen Formen der Zukunftserwartung zu.

Vorstellungen vom Messias zur Zeit Jesu

Die Vorstellungen, die sich nach dem Exil in Israel entwickelt hatten, wirken weiter.
In der pharisäischen Tradition der „Psalmen Salomos“ wird erwartet, dass „der Gesalbte des Herrn“ ein Reich des Friedens und der Gerechtigkeit aufrichtet; die zerstreuten Kinder Israels werden aus dem Exil zurückkehren, und die Völker verehren Gott in Jerusalem. – „Den Gewaltherrschern nach Art der Hasmonäer und des Königs Herodes wird hier ein Messias des Geistes und des Wortes gegenübergestellt“ (Martin Hengel).
Daneben gab es die Hoffnung auf einen kriegerischen Freiheitshelden, der ein Ende mit der Unterdrückung durch einheimische und fremde Gewaltherrscher macht und blutig Rache nimmt. Solche Erwartungen hegten sicherlich viele Zeloten.
Die Essener unterscheiden zwei Messiasse, einen Priester- und einen Laienmessias, von denen der priesterliche den Vorrang hat. Sie erwarten einen blutigen Endkampf mit den Heidenvölkern.
Auch die Apokalyptik erwartet einen solchen Endkampf. Sie trennt radikal zwischen „diesem Äon“, der jetzigen Zeit der Bedrängnis, und dem „künftigen Äon“, der von Gott gestalteten Zukunft. Es gibt auch die Vorstellung von einer 1.000-jährigen messianischen Zwischenzeit.

! Hungertuch

Inwiefern wird Jesus hier als Messias dargestellt?
In welchen Gefährdungssituationen soll er helfen, und welche Sehnsüchte werden mit ihm verbunden?

MISEREOR-Hungertuch aus Haiti (Ausschnitt)

6.3 Die entscheidende Frage

„Jesus ist der Christus". Gilt das „Nein" der Juden oder das „Ja" der Christen?

Das „Nein" der Juden

Für Juden war und ist die christliche Sicht des Messias unannehmbar, und zwar aus den folgenden drei Gründen:
1. Als König Israels, der das Volk von römischer Unterdrückung befreien und die frühere Pracht Israels wiederherstellen sollte, konnte Jesus nur enttäuschend gewirkt haben. In der Welt hatte sich nach seinem Erscheinen nichts geändert, ein Friedensreich war nicht entstanden.
2. Als Heiland, der stellvertretend Sünden vergibt und in der paulinischen Sicht die Tora ersetzt, konnte er für gesetzestreue Juden nur ein Ärgernis sein.
3. Dass er in der Inkarnationslehre Mensch wurde und in der Trinität mit dem Vatergott und mit dem Heiligen Geist eine Einheit bildete, konnte von strengen Monotheisten nur als Abfall vom jüdischen Glauben gedeutet werden.

Nathan Peter Levinson: Der Messias

Das „Ja" der Christen

1. Dass die Welt durch Jesus und das Christentum gar nicht besser geworden ist, also nur Inquisition, Kreuzzüge, Hexenverfolgungen, Judenpogrome auf unser Konto zu schreiben sind, wäre eine sehr einseitige Sicht der Dinge.
Immerhin gab es auch Armen- und Krankenpflege durch Nonnen und Mönche, erhielten die Klöster die Bildung der Antike für die Neuzeit, basieren Bestrebungen für Menschenrechte und Gleichheit aller Menschen zu einem guten Teil auf dem Christentum (auf dem Alten Testament sicher auch).
Die messianische Heilszeit brach mit Jesus nicht an.
Wir glauben aber, dass mit seinem Erscheinen der Gang der Geschichte grundsätzlich schon entschieden ist. Gott wird einmal alles in allem und allen sein. In Jesus ist das schon aufgeschienen:
- in seiner Nähe zu Gott, den er „Papa" nennen konnte,
- in seiner universalen, altruistischen Ethik, die alle Grenzen zwischen Menschen (zu den Verachteten, Deklassierten, Ausländern) aufgab,
- in der Konsequenz, mit der er seinem Lebensentwurf der gewaltlos liebenden Hingabe treu blieb.

Insofern ist für uns das Heil Gottes schon da, auch wenn es zugleich ein „noch nicht" gibt: Noch wartet die ganze Schöpfung mit uns darauf, dass Gott in ihr offenbar werde.
2. Jesus hat die Tora nicht aufgehoben, sondern nur ihre Sinnspitze, die Liebe zu Gott und den Mitmenschen (Mitgeschöpfen), formuliert. Er steht in diesem Punkt, wie Paulus, in einer guten rabbinischen Tradition.
Jesus hat stellvertretend für uns alle gezeigt, was Menschsein ist und sein sollte: Leben aus der Gewissheit des Einsseins mit dem göttlichen Vater. Mit Leiden war dieses Leben verbunden, weil es in einer unerlösten Welt sich abspielte. Nur indem er dieses Leiden auf sich nahm, konnte er die andere, die liebende Daseinsweise deutlich und damit auch den Sinn des ungerechten Leidens der vielen anderen „Knechte Gottes" verstehbar machen.
3. Jesu Beziehung zu Gott ist so, wie sie bei allen Menschen sein könnte und sein sollte. Seine besondere Stellung gegenüber allen anderen besteht darin, dass er als erster sie vollkommen gelebt hat und dass sein Leben von den Christen auch so verstanden und verkündigt wurde. Er ist „Erstgeborener unter vielen Brüdern und Schwestern" (Röm 8,29).

Christen und Juden hoffen auf sein Kommen

Maranatha! – Unser Herr, komm! (1. Kor 16,22)

Bekenntnis eines Juden

Ich glaube, ich glaube, ich glaube,
ehrlich unerschütterlich und fromm,
dass der Messias komm.

An den Messias glaube ich,
und wenn er auf sich warten lässt,
glaub' ich darum nicht weniger fest.
Selbst wenn er länger zögert noch,
an den Messias glaub' ich doch!

Wenn der Glaube nicht wär
an Gott – gelobt sei er –,
wozu taugt alles, was immer ich jetzt tu'?

Hätte ich kein Hoffen
auf die Erlösung,
würde es nichts geben,
um dafür zu leben.
Ich glaube, ich glaube, ich glaube!

Bekenntnis eines Juden im Warschauer Getto (1943)

! Entscheidung

Was überzeugt Sie mehr: das „Ja" der Christen oder das „Nein" der Juden? Begründen Sie! Vielleicht bereiten Sie eine Podiumsdiskussion zwischen „Juden" und „Christen" vor?

7.0 Christusbekenntnisse

7.1 Hoheitstitel in der Bibel

Die überwältigende Erfahrung, die die Begegnung mit Jesus für die Jünger bedeutete, und noch mehr das „Widerfahrnis“ der Auferstehung machte die Frage immer dringender, wer das eigentlich war, dem man da begegnet war. Wenn man ihm nachfolgte und zur Gemeinschaft seiner Jünger stieß, machte man die Erfahrung eines „Neuen Seins“ – alle Schwierigkeiten der Menschen um die Jüngergemeinde blieben zwar erhalten, aber im gemeinsamen Gottesdienst erfuhr man, dass man selbst „heil“, das Verhältnis zu Gott „in Ordnung“ gebracht war – und man wurde mit der Hoffnung erfüllt, dass dieses Heilsein bald alle Menschen und die ganze Schöpfung umgreifen werde.
Wer war der, dem man diese Erfahrung zu danken hatte, und was war das ganz Besondere, Einmalige an ihm?
In hymnischen Bekenntnissen, die wohl im Gottesdienst gebetet oder gesungen wurden, versuchte man diese Erfahrung festzuhalten und eine Antwort auf die Frage nach der Bedeutung Jesu zu finden. Dabei haben die ersten Christen Bezeichnungen wie „Messias“ (dazu: siehe Kapitel 6) und „Sohn Gottes“ aus der hellenistischen und jüdischen Umwelt übernommen, um die besondere Stellung Jesu für ihren Glauben zum Ausdruck zu bringen. Diese sogenannten „Hoheitstitel“ (vgl. oben 3.5, Seite 25) erfuhren durch die Übernahme eine christliche Umprägung.
Im folgenden Kapitel werden zunächst die Hoheitstitel „Menschensohn“ und „Sohn Gottes“ erläutert und dann zwei Hymnen vorgestellt, in denen vom neuen Sein Jesu die Rede ist.

Die Christusbekenntnisse Menschensohn und Sohn Gottes

Die Jünger haben nach der Auferstehung nicht nur Jesu Botschaft weiterverkündigt, sondern seine Person als Heilsvermittler ins Zentrum ihres Glaubens gerückt. Zentraler Inhalt seiner Botschaft war die Gottesherrschaft und nicht seine Person. Aber aufgrund der besonderen Art, wie Jesus diese Gottesherrschaft verkündigte (in Vollmacht, d.h. mit dem Anspruch, dass jetzt mit ihm die Gottesherrschaft beginne, und mit dem Ruf in die persönliche Nachfolge), kam es unvermeidlich zur Frage nach der Person, d.h. nach der Legitimation und Sendung Jesu durch Gott. Die Urgemeinde sprach daher Jesus Titel zu, die sich im griechisch-römischen Kulturkreis und im Judentum fanden, die aber in ihrer Bedeutung verändert wurden, um den Glauben an Jesus zum Ausdruck zu bringen. Der „Hoheitstitel“ „Christus“ (hebr. Messias) begegnet 500 mal im Neuen Testament (Bedeutung s. Kapitel 6). Er findet sich nie im Mund Jesu, er wird vielmehr von anderen an Jesus herangetragen (vgl. z.B. Mk 8,29). Der Titel Sohn Gottes begegnet 75mal. Dieser Titel ist neben dem Messiasbekenntnis die „tragende Säule des urchristlichen Christusbekenntnisses“ (R. Schnackenburg). Daneben wird Jesus auch „Sohn Davids“ genannt (75 Stellen); er heißt auch „der Herr“ (griech. Kyrios, Übersetzung des hebräischen Wortes Adonaj, das beim Vorlesen aus der hebräischen Bibel anstelle des Gottesnamens Jahwe gebraucht werden sollte). Häufiger als die Bezeichnung Jesu als Sohn Gottes begegnet der Titel „Menschensohn“. (80mal). Es wird von den meisten Bibelwissenschaftlern angenommen, dass Jesus von sich als Menschensohn gesprochen hat. Einen anderen Titel hat er wohl nie für sich beansprucht.
Man weiß allerdings nicht ganz genau, in welchem Sinn Jesus von sich als Menschensohn gesprochen hat. Jesus ist einmal der Menschensohn, der die Vollmacht hat, Sünden zu vergeben, der Kranke heilt und Herr über den Sabbat ist (Mk 2,10.28; 3,10; 5,1–20). Jesus ist aber auch der mit den Zügen des leidenden Gerechten gezeichnete Menschensohn, der leiden und sterben muss (Mk 8,31; 9,31; 10,33), durch Gott aber auferweckt wird. Schließlich ist er als der Auferweckte der Menschensohn, der mit Macht und Herrlichkeit kommen wird und dem am Ende der Weltgeschichte die Herrschaft über die Welt übertragen wird. Bei dieser Bekenntnisaussage wird auf Dan 7,13f. zurückgegriffen, wo von der endzeitlichen Gestalt des „Menschensohnes“ als einem himmlischen Wesen gesagt wird, dass ihm Gott „Herrschaft, Würde und Königtum“ gibt.

Die Bezeichnung „Gottessohn“ ist ein Hoheitstitel, der sowohl im griechisch-römischen Heidentum als auch im Judentum verbreitet ist. Bei den Ägyptern wurden die Pharaonen als leibhaftige Söhne des Sonnengottes Re betrachtet. Die Ägypter und die Griechen glaubten an die physische Zeugungskraft ihrer Götter. So galten wie die Pharaonen König Alexander der Große, der Kaiser Augustus, aber auch berühmte Männer wie z.B. der Philosoph Platon als „Söhne Gottes“, d.h. als von einer männlichen Gottheit gezeugte Menschen. Bei dem Zeugungsvorgang durch die Götter hatte die menschliche Mutter in der Regel eine unberührte Jungfrau zu sein.
Im Alten Testament findet sich die Vorstellung, dass der König, der Vertreter des Volkes, in einem engen personalen Verhältnis zu Gott steht. »Du bist mein Sohn, heute habe ich dich gezeugt“ (Psalm 2,7) ist vermutlich ein Prophetenspruch, der an den israelitischen König bei seiner Thronbesteigung gerichtet wurde. Für die Israeliten war also der jeweilige König „Sohn Gottes“. Die Annahme als Sohn durch Gott ist als ein Akt der Aufnahme, der Adoption, zu verstehen und nicht als eine naturhafte Zeugung. Im jüdischen Glauben wurde auch das ganze Volk Israel als „Sohn Gottes“ (Ex 4,22f.), aber auch besonders fromme und gerechte Männer als „Söhne Gottes“ oder „Söhne des Höchsten“ bezeichnet. Gott tritt im Alten Testament und Neuen Testament allerdings nicht als ein männlicher Erzeuger auf, sondern ist als eine personale Macht, die Leben schafft und den Menschen Leben schenken will, zu verstehen.

7.1 Hoheitstitel in der Bibel

Es ist darum nicht außergewöhnlich, dass seine Anhänger, als Jesus auferweckt worden war, den bekannten Titel „Sohn Gottes“ mit neuem Verständnis auf ihn übertrugen. Sie wandten diesen Titel in besonderer Weise auf Jesus an, denn in diesem Titel konzentrierte sich das Verständnis von Jesus in der frühen Kirche. Die Titel Prophet, Priester, Herr, Messias wurden auch auf Jesus angewendet; doch der Titel Sohn Gottes entspricht besonders dem Leben des historischen Jesus. Alle Evangelien stimmen nämlich darin überein, dass die Worte und Taten Jesu aus seiner engen Kommunikation mit dem Vater hervorgingen. Immer wieder ging er „auf den Berg“, um allein zu beten (z. B. Mk 1,35; 6,46; 14,35.39). Diese enge Beziehung Jesu zu Gott drückte sich auch in seiner Gebetsanrede „Vater“ aus.

(Röm 1,1–4)
Die liturgische Formel im Römerbrief

1 Paulus, Knecht Jesu Christi, berufen zum Apostel, auserwählt, das Evangelium Gottes zu verkündigen,
2 das er durch seine Propheten im Voraus verheißen hat in den heiligen Schriften:
3 das Evangelium von seinem Sohn, der dem Fleisch nach geboren ist als Nachkomme Davids,
4 der dem Geist der Heiligkeit nach eingesetzt ist zum Sohn Gottes in Macht seit der Auferstehung von den Toten.

! Textinterpretation

1. Beschreiben Sie, wie die Titel „Menschensohn“ und „Sohn Gottes“ verstanden werden.

2. Fällen Sie eine begründete Entscheidung: Welcher Titel für Jesus ist am angemessensten, wenn man sein Leben, Sterben und seine Auferstehung bedenkt?

! Textvergleich

1. Welche Hoheitstitel werden im Hymnus des Philipperbriefs verwendet, und was bedeuten sie?

2. Paulus benutzt den Hymnus zu einer Ermahnung der Philipper. Vollziehen Sie seinen Gedankengang nach.

3. Arbeiten Sie Ähnlichkeiten und Unterschiede der beiden hymnischen Formeln in Aufbau und Inhalt heraus.

(Phil 2, 5–11)
Der Hymnus im Philipperbrief

5 Seid untereinander so gesinnt, wie es dem Leben
in Christus Jesus entspricht:
6 Er war Gott gleich,
hielt aber nicht daran fest, wie Gott zu sein,
7 sondern er entäußerte sich
und wurde wie ein Sklave
und den Menschen gleich.
Sein Leben war das eines Menschen;
8 er erniedrigte sich
und war gehorsam bis zum Tod,
bis zum Tod am Kreuz.
9 Darum hat ihn Gott über alle erhöht
und ihm den Namen verliehen,
der größer ist als alle Namen,
10 damit alle im Himmel, auf der Erde und unter der
Erde ihre Knie beugen vor dem Namen Jesu
11 und jeder Mund bekennt:
„Jesus Christus ist der Herr“ –
zur Ehre Gottes, des Vaters.

Der Weg Jesu nach dem Philipper-Hymnus

Der Hymnus auf Christus, den Paulus in seinen Brief übernommen hat, stammt wohl aus dem Gottesdienst der urchristlichen Gemeinden. Mit diesem „Gedicht“ wurde den Gläubigen das Leben Jesu immer wieder vor Augen geführt, um ihnen nach und nach den „Maßstab“ (V 5) seines Lebens verständlich und vertraut zu machen. In Geduld und über viele Jahre hinweg kann dieser Maßstab verinnerlicht werden und unser Leben verändern.
Paulus verweist in seinem Hymnus nicht einfach auf das Beispiel Jesu, um uns zum Handeln aufzufordern nach dem Motto „Du sollst“, sondern er macht uns klar, dass jeder Gläubige in eine neue Beziehung zu Christus getreten ist. Der Hymnus hat zwei Strophen, die den Weg Jesu nachzeichnen. Er führt von Gott (V 6) zu den Menschen (V 7–8) und von hier wieder zurück zu Gott (V 9–11). Das Anliegen des Paulus besteht darin, die Handlung Jesu, sein Leben, das von Gott ausgeht, uns vor Augen zu führen.
In Freiheit, ohne Zwang gab Jesus sein Gottsein auf. Wörtlich heißt es im Text: „Er entäußerte sich“ wie ein Sklave. Entäußerung und Selbstentäußerung sind Begriffe, mit denen wir in unserer Welt nur schwer etwas anfangen können. Besitz, Genuss und Spaß sind eher Leitbegriffe, unter denen viele Menschen ihr Leben gestalten und darin Selbstverwirklichung suchen. Ganz anders Jesus.

Seine Selbstentäußerung macht ihn zum „Sklaven". Ein Sklave wurde nicht beachtet, sein Fühlen und Wollen spielte für die Mitmenschen keine Rolle. Er hatte keinen Eigenwert als Person, sondern wurde nur an dem Nutzen gemessen, den er für andere hatte. Ein Sklave war in der Antike kein Mensch, sondern „ein beseeltes Werkzeug". Jesus wählt diesen Weg in die Niedrigkeit freiwillig. Höhepunkt der Erniedrigung ist sein Tod. Er suchte diesen Tod nicht, nimmt ihn aber freiwillig auf sich. Er weicht ihm in Treue zu seinem Weg nicht aus. Sein Tod ist „Selbsthingabe des Dienenden, der auf die eigene Größe verzichtet" (E. Käsemann). Der Tod Jesu ist der Endpunkt eines in Freiheit angetretenen Weges, aber gerade darin erweist er am tiefsten, dass er einer von uns geworden ist. Alle Menschen sind auf dem Weg zum Tod.
Im zweiten Teil des Liedes tritt Gott auf den Plan und handelt. Er lässt Jesus nicht in seiner Erniedrigung, sondern befreit ihn aus dem Tod. Über die Auferweckung hinaus wird Jesus eine neue Stellung in der gesamten Welt zuteil. Eine kosmische Weite tut sich auf. Im Text wird dies durch die Verleihung des Namens „Herr" ausgedrückt. Vor diesem Namen müssen sich alle Mächte beugen. Nicht die Menschen werden angesprochen, sondern es ist von den Himmlischen, Irdischen und Unterirdischen die Rede. Sogar nichtmenschliche „Mächte" bekennen Jesus als den Herrn. Sie haben keine Macht mehr über den Menschen. Man sollte die Rede von solchen „Mächten" nicht vorschnell als Überbleibsel eines vergangenen, mythischen Weltbildes abwerten. Man kann vielmehr die Frage stellen, welche „Mächte" es heute gibt und ob sie Macht über uns haben. Nicht mehr diese Mächte, die häufig nur unsere Angst vergessen machen wollen, indem sie uns eine scheinbare Erfüllung unseres Lebens vorgaukeln, sind die Mitte der Welt, sondern Jesus Christus. Er ist den Weg der Erniedrigung auf Erden gegangen und ist jetzt „Herr der Welt". Entgegen unseren Vorstellungen von einem Herrn, will Jesus nicht versklaven und beherrschen, sondern helfen, retten und heimführen – nicht nur wenige Auserwählte, sondern alle, die gesamte Welt.

! Textinterpretation

1. Erläutern Sie, wie „Erniedrigung" und „Erhöhung" Jesu verstanden werden.

2. Überlegen Sie über den Text hinaus, welche „Mächte" heute Macht über viele Menschen haben.

3. Inwiefern kann dieser Weg Jesu für uns ein Weg sein, diesen Mächten zu begegnen?

Adoptionschristologie und Inkarnationschristologie

Viele Bibelwissenschaftler sehen zwei verschiedene Typen der Lehre von Jesus als dem Christus bereits im Neuen Testament. Es gebe einerseits eine Gruppe von Schriften, die Jesus als Mensch gewordenes „Wort Gottes" ansehen, das von Ewigkeit her bei Gott ist. Es hat „Fleisch angenommen", sich inkarniert und ist Mensch geworden (so etwa das erste Kapitel des Johannesevangeliums, der Johannesprolog). Andererseits werde in anderen Schriften die Vorstellung vertreten, Jesus sei erst im Laufe seines Lebens oder sogar erst nach seinem Tod, in dem er seine völlige Einheit mit und seinen vollständigen Gehorsam gegen Gott gezeigt hat, von Gott als Sohn angenommen, „adoptiert" worden. Beispiel dafür sei das Markus-Evangelium, wo diese „Adoption" durch Gott bei der Taufe durch Johannes stattgefunden habe. Eine Stimme vom Himmel spricht da die Worte: „Du bist mein geliebter Sohn, an dir habe ich Gefallen gefunden." Diese Szene steht bei Markus am Beginn der Erzählung von Jesus; was vorher war, die Kindheitsgeschichten der anderen Evangelien, habe ihn nicht interessiert, weil Jesus da noch nicht zum Sohn Gottes eingesetzt gewesen sei.
Beide Vorstellungen vom Verhältnis Jesu zu seinem göttlichen Vater sind lediglich Bilder: Weder kann man sinnvoll denken, dass Gott einen menschlichen Leib sich sozusagen "angezogen", sich als Mensch „verkleidet" hat, noch ist die Vorstellung der Adoption auf Gott übertragbar. Das erste Bild stammt wohl aus der griechisch-römischen Götterwelt, in der die Vorstellung des in verschiedenen Gestalten auf Erden wandelnden Gottes alltäglich ist, das zweite aus der Einsetzung der Könige im alten Israel: Bei ihrer Krönung wurden sie rituell von Jahwe adoptiert (vgl. etwa den 2. Psalm).
Der Theologe Paul Tillich hat betont, dass beide Bilder ihr Recht haben: Sie verdeutlichen die Spannung von Freiheit und göttlicher Fügung, in der man Jesu Wirken sehen müsse. Was Walter Kasper als das „Durchbrechen des Teufelskreises des Bösen" beschrieben hat (s. o. 4.2, Seite 34), nennt Tillich das „Neue Sein", in dem Jesus die bisherige Entfremdung der Menschen von sich selbst überwunden habe. Dieses für alle Menschen entscheidende Ereignis ist selbstverständlich nicht Zufall, sondern der von Gott seit aller Ewigkeit gewollte Höhepunkt seiner Geschichte mit den Menschen – insofern „inkarniert" sich der ewige Sohn Gottes. Andererseits ist mit der Geburt Jesu allein das, was das Durchbrechen des Teufelskreises, das Neue Sein, ausmacht, noch nicht gegeben. Es kommt darauf an, dass Jesus seine Einheit mit Gott im Willen und im Wesen durchhält, auch unter den Bedingungen der Entfremdung, der Anfeindung und des Leids, wie das die Evangelien schildern. Das ist seine frei erbrachte Leistung, nichts, das automatisch und von selbst geschehen wäre. Insofern bleibt auch richtig, dass Jesus erst aufgrund dieses seines Lebens „Sohn Gottes" genannt wird.

! Textinterpretation

1. Prüfen Sie, welcher Form der Christologie die beiden paulinischen Hymnen (Seite 47) zuzuordnen sind. (Das ist im Fall des Römerbriefs nicht von vorneherein ganz deutlich.)

2. Machen Sie sich in einem Schaubild klar, was Tillich mit der Spannung von Freiheit und göttlicher Fügung meint. Nehmen Sie dann Stellung: Leuchtet Ihnen diese Überlegung ein?

Dieter Groß: Schweißtuch, 1997

Christus der Allherrscher, Aachen, um 1000–1020

! Bildinterpretation

Beschreiben Sie die Bilder und setzen Sie dann beide Darstellungen in Verbindung zum Text „Adoptions- und Inkarnationschristologie“.

7.2 Die Auseinandersetzung um die Bedeutung Jesu in der frühen Christenheit

In diesem Abschnitt geht es um die Entwicklung der theologischen Diskussion um die Person Jesu in den ersten vier Jahrhunderten nach dessen Tod.
Der christliche Glaube blieb nicht auf den Vorderen Orient beschränkt, sondern breitete sich nach dem Tod Jesu schnell im griechisch-römischen Kulturraum aus.
Mit diesem Übergang der christlichen Botschaft aus dem jüdischen in den hellenistischen Sprach- und Kulturraum veränderte sich auch das Sprechen über Jesus Christus, denn nun musste der Glaube im hellenistischen Denkhorizont ausgesagt werden. An den großen Bischofssitzen (Patriarchaten) bildeten sich unterschiedliche theologische Schulen mit unterschiedlichen Meinungen. Auf großen Versammlungen möglichst vieler Bischöfe aus dem ganzen Römischen Reich, ökumenischen Konzilien, versuchte man, die Streitigkeiten zu klären.
Was können die Ergebnisse dieser Diskussion, wie sie in den Beschlüssen der Konzilien von Nikaia und Chalkedon festgehalten wurden und von fast allen christlichen Konfessionen bejaht werden, uns heute noch sagen?

Ist Jesus Gott selbst oder nur das oberste Geschöpf Gottes? – Das Konzil von Nikaia 325 n. Chr.

Die Position des Arius:

Arius kam aus der Schule syrischer Theologen in Antiochia und wurde Priester in Alexandria/Ägypten.
Unbedingt festhalten muss man an dem Satz: Es gibt nur einen Gott. Jesus ist deswegen nur gottähnlich (griechisch: homoiousios); er ist das höchste Geschöpf Gottes, ist aber nicht schon von Ewigkeit her. Das Wichtigste, was Jesus uns hinterlassen hat, ist seine Lehre. Erlöst ist der Mensch, der die Lehre Jesu befolgt.

Die Position des Alexander:

Alexander war Bischof von Alexandria, insofern wurde er „Vorgesetzter" des Arius.
Die Menschen sind gefesselt an ihren vergänglichen Leib; der Tod ist für sie unausweichlich. Wenn Jesus die Menschen wirklich vom Tod erlöst hat, dann kann er nicht nur Geschöpf gewesen sein. Nur Gott hat die Macht, sein eigenes ewiges Leben zu schenken. Jesus muss also wesensgleich (griechisch: homoousios) mit dem Vater sein.

Die inhaltlichen Positionen werden durch den Machtanspruch des Kaisers Konstantin verschärft. „Gelöst" wurde der Streit durch dessen Schiedsspruch: Er wollte vor allem eine einheitliche Kirche.

Aus dem Beschluss des Konzils von Nikaia 325 n. Chr.:

„Wir glauben … an den Sohn Gottes, …Gott von Gott, Licht vom Licht, wahrer Gott vom wahren Gott, gezeugt, nicht geschaffen, wesenseins mit dem Vater … Diejenigen aber, die sagen, es habe eine Zeit gegeben, da der Sohn Gottes nicht war, … und er sei aus nichts geworden oder aus einer anderen Substanz oder Wesenheit, oder der Sohn Gottes sei veränderlich oder wandelbar, diese schließt die apostolische und katholische Kirche aus."

! Konzilsbeschluss

1. Stellen Sie fest, welche Position sich im Konzil durchgesetzt hat.
2. Vergleichen Sie die Positionen von Arius und Alexander mit den Konzepten von Adoptions- und Inkarnationschristologie, und versuchen Sie eine Zuordnung.
3. „Gehst du auf den Markt, so wirst du von der Marktfrau, bei der du einen Kohlkopf kaufst, gefragt: Bist du für homoousios oder für homoiousios? Gehst du ins Bad, so wirst du sofort in ein Gespräch verwickelt, wofür du einstehst", so ein Kirchenvater.

Das Konzil von Nikaia: Kloster Megalo Meteoro, Griechenland

7.2 Die Auseinandersetzung um die Bedeutung Jesu in der frühen Christenheit

Suchen Sie nach Gründen, warum diese Streitfrage die Menschen damals so erregt hat. Was könnten Themen sein, auf die man heute im Bad oder beim Einkauf angesprochen wird?

! Bildinterpretation

1. Beschreiben Sie die abgebildeten Personen (Position und Haltung, Kleidung), und setzen Sie sie in Bezug zum Konzil von Nikaia.
2. Bewerten Sie dann die These: „Bei den altkirchlichen Konzilien handelte es sich um faire und offene Diskussionsveranstaltungen, bei denen allein nach Sachargumenten entschieden wurde."

Wie sind Gottheit und Menschheit in Jesus miteinander verbunden? – Das Konzil von Chalkedon 451 n. Chr.

Die Position des Nestorius

Nestorius war ein Theologe aus der syrischen Schule von Antiochia; er wurde Patriarch von Konstantinopel. Als Bischof der östlichen Reichshauptstadt war er einer der einflussreichsten Kirchenfürsten seiner Zeit.
Nestorius war der Meinung, dass die göttliche und menschliche Natur in Jesus nur äußerlich miteinander verbunden sind. Jesus war ein Mensch, in dem das Göttliche wohnte, so „wie sich ein Götterbild in einem Tempel befindet." Maria hat nicht Gott geboren, sondern nur den Menschen Jesus. Sie darf deswegen nicht „Gottesgebärerin" (griech.: Theotokos) heißen, sondern nur „Christusgebärerin" (Christotokos).

Die Position des Dioskur

Dioskur war der Patriarch von Alexandrien. Er das Oberhaupt der ägyptischen Kirche, die gegenüber dem griechischen Machtzentrum des byzantinischen Reiches ihre Selbstständigkeit betonen wollte.
Er vertrat die Meinung seiner Vorgänger wie Alexander und spitzte sie noch zu: Es gibt im Wesentlichen nur eine Natur in Christus, und zwar die göttliche. Die menschliche Natur geht in ihr auf „wie ein Honigtropfen im Meer". Diese Lehre heißt „Monophysitismus" (griech.: mone physis = eine Natur).

Das Konzil von Chalkedon 451 n. Chr. entschied (wieder unter starkem kaiserlichen Druck zur Einigung):

> „Wir bekennen den einen und denselben Christus, ... der in zwei Naturen unvermischt, unverwandelt, ungetrennt und ungesondert besteht. Niemals wird der Unterscheid der Naturen wegen der Einigung aufgehoben, es wird vielmehr die Eigentümlichkeit einer jeden Natur bewahrt, indem beide in einer Person ... zusammenkommen."

! Zwei-Naturen-Lehre

1. Untersuchen Sie die verschiedenen Positionen auf die Nähe zur adoptianischen bzw. zur Inkarnationschristologie.
2. Die Entscheidung von Chalkedon bindet Gegensätze zusammen. Zeigen Sie das an ihren Formulierungen.
3. Wie steht die Entscheidung zu den verschiedenen Positionen? Suchen Sie nach Gründen, warum es zu dieser Entscheidung gekommen sein könnte.

Die Entscheidungen der alten Kirche und unser Glaube

Die Glaubensformeln von Nikaia und Chalcedon gelten bis heute. Sie erscheinen uns abstrakt und dem Leben Jesu vollkommen fern. Erst recht können sie mit unserem Leben und Glauben nichts zu tun haben. Was soll die Beziehung der beiden Naturen in Jesus für unser Leben und Handeln heute bedeuten? Doch schauen wir genauer hin, können wir zentrale Bezüge zu unserem Glauben ausmachen.
Ist Jesus nach dem Konzil von Nikaia wahrer Gott, dann ist er nicht ein zweiter Gott oder ein Halbgott. Das Christentum ist kein Vielgottglauben, als ob Vater und Sohn zwei verschiedene Götter wären. Der Sohn ist nicht erschaffen, sondern gehört ganz auf die Seite Gottes. In Jesus Christus ist der eine Gott also ganz und endgültig präsent. Damit verbinden sich wichtige Heilsaussagen: Weil uns in Jesus von Nazareth Gott selbst begegnet und nicht ein Geschöpf Gottes, kann er uns auch mit Gott verbinden. Nur wenn Christus auch wahrer Gott ist, kann er unser Leben verwandeln und uns aus unserer Todverfallenheit befreien, indem er uns an seinem ewigen, göttlichen Leben Anteil gibt. Gott wird in Jesus Mensch, um den Menschen das ewige Leben zu schenken.
Ist Jesus wahrer Mensch, dann begegnet uns in ihm Gott auf menschliche Weise. Gott bleibt nicht unberührt von unserem Leben, sondern er kennt unser Leben von innen. Das Konzil von Chalcedon versucht in seinen Aussagen der sogenannten „Zwei-Naturen-Lehre" eine Balance zwischen der göttlichen und der menschlichen Seite Jesu. Jesus ist wahrhaft Gott und wahrhaft Mensch, also nicht irgendein Mischwesen. Die beiden Seiten werden nicht vermischt oder verwandelt, sie sind unauflöslich und untrennbar. Göttliches und Menschliches kommen in ihm gleichbetont zur Geltung.

! Stellung beziehen

1. Vollziehen Sie den Gang dieser Überlegungen nach (Gliederung in Stichworten), und beziehen Sie dann Stellung.
2. „Eine der größten Leistungen des Heiligen Geistes in der Kirchengeschichte bestand darin, aus dem heillosen Durcheinander von theologischen Schulstreitigkeiten und politischen Interessen die Wahrheit als Siegerin hervorgehen zu lassen." – Nehmen Sie Stellung zu diesem Satz.

8.0 Jesus in anderen Religionen

8.1 Jesus und der Buddhismus

Dorothee Sölle, Erinnere dich an gotama

Erinnere dich an gotama jüngling aus reichem hause
der so behütet wurde um nicht zu sagen vermummt
dass er mit achtzehn jahren
auf einem spaziergang durch den park
unheilbar erschrak für sein leben
er sah dort vier figuren
die man auch dir gern versteckt
die krankheit
den hunger
das alter
den tod
einer von diesen schon war genug
die mauer des gartens einzureißen
und den park zu verwüsten
und die goldenen steine mit denen sein kleid besetzt war
schwarz zu machen für immer.

Da es nun vier waren und kein übersehen möglich
auch keine handvoll reis half
der alte hatte keine zähne
und kein wort trost
der hungrige starb
auch kein beutel geld
der kranke konnte nicht gehen
auch kein vergessen
weil einer der vergissmeinnicht war der tod
da zog der aus dem schönen hause fort
und ließ kleider zurück und geld und ehren und eine frau
die jung war und gerade ein kind bekommen hatte
der gotama aber ging fort
weil er die vier gesehen hatte.

Der nun von dem ich dir erzählen will
hat die vier auch getroffen als er durch sein land ging
in den höhlen nazareths sah er die krankheit
die rasselte dort mit der klapper
in der steinwüste traf er den hunger an
und die alten sah er vergeblich hocken bei jericho
den tod aber hat er getroffen als er am jordan stand
und sich taufen ließ von einem dem schlugen sie bald
den kopf ab.

All diese begegneten ihm
aber er wandte sich nicht ins gebirge der weisheit
sondern er lud sie zum essen ein
an seinem tisch saßen sie
alter und hunger krankheit und tod
auch zogen sie mit ihm die staubigen wege
wo es keinen schatten gab auf stunden
auch begleiteten sie ihn des nachts
denn ich nehme an dass er nicht gut schlief
gemeinhin.

! Interpretation und Vergleich

1. Stellen Sie Unterschiede zwischen Leben und Lehre Jesu einerseits und Buddhas andererseits nach der Auffassung Sölles heraus. Vergleichen Sie auch das Bild.

2. Vergleichen Sie die Auffassung Sölles mit der folgenden Äußerung des Dalai Lama:
„Für einen Buddhisten wie mich, der ich mein Leben lang dazu angehalten wurde, das Ideal des Mitgefühls als den höchsten spirituellen Wert anzusehen, ist das Bild von Jesus am Kreuz – der das Leiden aller Lebewesen auf sich nimmt – zutiefst inspirierend. Ein solches Opfer seiner selbst, geboren aus Altruismus und universaler Liebe zu allen Lebewesen, ist ein vollkommenes Beispiel für das, was wir Buddhisten als das Bodhisattva-Ideal bezeichnen würden."
Dalai Lama, Das Herz der Religionen
Bodhisattva: zukünftiger Buddha, der auf die eigene Erlösung verzichtet, um anderen Wesen zu helfen.

3. Prüfen Sie, welche Auffassung zutrifft.

8.2 Jesus und der Hinduismus

Nach Überzeugung der Vertreter der „Gesellschaft für Krishna-Bewusstsein“ (einer in westlichen Ländern relativ verbreitete Gruppe von Hindus) sind die Namen „Christus“ und „Krishna“ etymologisch identisch. Die mit diesem Namen benannten Personen seien Avatars, Herabkünfte oder Inkarnationen, des Gottes Vishnu zum Heil der Menschen. In neueren Hindutempeln und auf vielen neuhinduistischen Hausaltären findet sich ein Christusbild.

! Vergleich

1. Stellen Sie die Bedeutung der Wörter Krishna und Christus fest (Blick ins Lexikon). Nehmen Sie dann Stellung zur oben beschriebenen Überzeugung.
2. Immer wieder erscheint Vishnu auf der Erde, um den Menschen zu helfen. Ein Beispiel sehen sie auf dem Bild unten. Informieren Sie sich im Lexikon über die Bedeutung dieser Darstellung. Versuchen Sie, Züge der Erzählung auf dem Bild wiederzuentdecken. Vergleichen Sie mit Anliegen und Bedeutung Jesu für die Menschen.
3. Versuchen Sie, die tolerante Haltung vieler Hindus gegenüber der Vorstellung, Christus sei Verkörperung des höchsten Gottes, zu erklären. Prüfen Sie, ob und inwiefern Christen gegenüber den Hindus genauso tolerant sein können.

Vishnu in seiner Wiederverkörperung als Mann-Löwe Narasimha

8.3 Jesus im Islam

Im Koran wird Jesus oft und mit großer Hochachtung erwähnt. Er gilt als Prophet, aber nicht als Gottes Sohn; die Trinitätslehre des Christentums wird als Dreigottglaube verstanden und abgelehnt. Gott habe ihn nicht am Kreuz sterben lassen – an seiner Stelle starb ein anderer –, sondern zu sich erhöht. Am Tag des Jüngsten Gerichts wird er eine besondere Rolle spielen.

Und gedenke auch im Buche der *Maria*. Da sie sich von ihren Angehörigen an einen Ort gen Aufgang zurückzog und sich vor ihnen verschleierte, da sandten wir unsern Geist zu ihr, und er erschien ihr als vollkommener Mann. Sie sprach: „Siehe, ich nehme meine Zuflucht vor dir zum Erbarmer, so du ihn fürchtest.“ Er sprach: „Ich bin nur ein Gesandter von deinem Herrn, um dir einen reinen Knaben zu bescheren.“ Sie sprach: „Woher soll mir ein Knabe werden, da mich kein Mann berührt hat und ich keine Dirne bin?“ Er sprach: „Also sei's! Gesprochen hat dein Herr: ‚Das ist mir ein Leichtes'; und wir wollen ihn zu einem

Quazvini (um 1560): Geburt Jesu

Zeichen für die Menschen machen und einer Barmherzigkeit von uns. Und es ist eine beschlossene Sache." Und so empfing sie ihn und zog sich mit ihm an einen entlegenen Ort zurück. Und es überkamen sie die Wehen am Stamm einer Palme. Sie sprach: „O dass ich doch zuvor gestorben und vergessen und verschollen wäre!" Und es rief jemand unter ihr: „Bekümmere dich nicht; dein Herr hat unter dir ein Bächlein fließen lassen; und schüttele nur den Stamm des Palmbaums zu dir, so werden frische reife Datteln auf dich fallen. So iss und trink und sei kühlen Auges ..."

Dies ist Jesus, der Sohn der Maria – das Wort der Wahrheit, das sie bezweifeln. Nicht steht es Allah an, einen Sohn zu zeugen. Preis sei ihm! Wenn er ein Ding beschließt, so spricht er nur zu ihm: „Sei!" und es ist.

Sure 19, 16–26.35f.

Sprich: Es ist der eine Gott, der ewige Gott; er zeugt nicht und wird nicht gezeugt, und keiner ist ihm gleich.

Sure 112

Und wenn Allah sprechen wird: „O Jesus, Sohn der Maria, hast du zu den Menschen gesprochen: ‚Nehmet mich und meine Mutter als zwei Götter neben Allah an?" Dann wird er sprechen: „Preis sei dir! Es steht mir nicht zu etwas zu sprechen, was nicht wahr ist. ..."

Sure 5, 116

Und in ihren Spuren ließen wir folgen Jesus, den Sohn der Maria, zu bestätigen die Tora, die vor ihm war, und wir gaben ihm das Evangelium, darinnen eine Leitung und ein Licht, bestätigend die Tora, die vor ihm war, eine Leitung und Ermahnung für die Gottesfürchtigen.

Sure 5, 50

! Vergleich

Vergleichen Sie die Geburtsgeschichte des Koran mit der der Evangelien. Wie dort, dürfte es sich auch hier um eine Legende handeln. Suchen Sie nach Gründen, warum die Erzählung so ausgeschmückt wurde.

Aus dem „muslimischen Evangelium"

In der islamischen Tradition gibt es eine Vielzahl von Sprüchen, die Jesus zugeschrieben werden. Man spricht von einem „muslimischen Evangelium". Vergleichen Sie die folgende Auswahl mit dem Jesusbild der Evangelien und stellen Sie Übereinstimmungen und Unterschiede fest. Suchen Sie nach möglichen Gründen für die Unterschiede.

1. Jesus sagte: „Sohn Adams, wenn du eine gute Tat tust, versuche sie zu vergessen, denn sie dauert fort mit dem, der sie nicht vergessen wird." Dann trug er folgenden Koranvers vor: „'Wir vergessen nicht, demjenigen den Lohn zu geben, der eine gute Tat vollbringt.' Wenn du eine böse Tat vollbringst, halte sie dir immer vor Augen."

2. Jesus sagte: „Oh Jünger, sucht die Liebe Gottes durch eure Abscheu vor Sündern; sucht ihm nahe zu sein, indem ihr tut, was euch von ihnen entfernt; und sucht seine Gunst, indem ihr gegen sie aufgebracht seid."

3. Man fragte Jesus: „..., wer wiegelt die Menschen am stärksten auf?" Er erwiderte: „Ein irrender Gelehrter. Wenn ein Gelehrter irrt, irrt seinetwegen eine Menge Menschen."

4. Johannes und Jesus begegneten sich, und Johannes sagte: „Bitte um Gottes Vergebung für mich, denn du bist besser als ich." Jesus erwiderte: „Du bist besser als ich. Ich verkündete Heil über mir, während Gott Heil über dir verkündete." Gott erkannte den Verdienst von beiden an.

5. Jesus sagte: „Die größte Sünde ist die Liebe zur Welt. Frauen sind die Seile Satans. Wein ist der Schlüssel alles Bösen."

6. Jesus wurde gesehen, als er das Haus einer Dirne verließ. „Geist Gottes, was machst du in dem Haus dieser Frau?" „Es ist der Kranke, den der Arzt besucht", erwiderte er.

7. Jesus sagte zu seinen Jüngern: „Wenn Menschen euch zu ihren Häuptern ernennen, seid wie Schwänze."

8. Jesus begegnete einem Mann und fragte ihn: „Was tust du?" „Ich gebe mich Gott hin", gab dieser zur Antwort. Jesus fragte: „Wer kümmert sich um dich?" „Mein Bruder", erwiderte er. Jesus sagte: „Dein Bruder ist Gott ergebener als du."

Tarif Khalidi, Der muslimische Jesus

! Diskussion

Spielen Sie eine Diskussion zwischen Christen und Muslimen über Jesus. Suchen Sie zusätzliche eigene Argumente.

9.0 Jesus in Film, Musik, Kunst und Literatur

9.1 Jesus im Film

Die Gestalt Jesus inspiriert Künstler, Musiker, Schriftsteller und Filmemacher bis in die heutige Zeit. Waren die Menschen früher mit christlichen Deckenmalereien, Mosaiken und liturgischen Gesängen konfrontiert, sind wir heute u.a. von Spielfilmen, Musikclips und Apps umgeben. Selbst Filme wie „The Matrix" (1999) oder „Wie im Himmel" (2004), die auf den ersten Blick nichts mit der Gestalt Jesus zu tun haben, sind voll von Symbolen und Zitaten aus der (christlichen) Religionsgeschichte. Beide Protagonisten – der Hacker Neo (Matrix), ebenso der Dirigent Daniel (Wie im Himmel) sind Erlösergestalten, die viele Parallelen zu Jesus aufweisen. Diese zu entdecken und zu dechiffrieren, eröffnet uns einerseits ein tieferes Verständnis für die Zeugnisse unserer Gegenwartskultur. Gleichzeitig ergibt sich aber auch die Möglichkeit, die biblische Gestalt Jesus neu zu sehen, uns ihrer Bedeutung in unserer heutigen Zeit bewusst zu werden.

Erarbeiten Sie in Kleingruppen folgende Aufgaben und bereiten Sie eine 15-minütige Präsentation vor.

! Präsentation

Orte und Personen
Analysieren Sie die Personen und Ortsnamen der Filme „Matrix und „Wie im Himmel" und stellen Sie Verbindungen zu biblischen Personen und Orten her. Bewerten Sie die Parallelen: sind sie Ihrer Meinung nach gelungen, erzwungen, sachgerecht?

Erlöser
Vergleichen Sie den Auftrag, die Botschaft, die Vorgehensweise und den Erfolg der Erlösergestalten Neo, Daniel und Jesus. Setzen Sie sich dabei intensiv mit den unterschiedlichen Definitionen des Begriffs „Erlösung" auseinander.
Sind Neo und / oder Daniel gelungene Aktualisierungen der Gestalt Jesus? Worin unterscheidet sich Jesus grundlegend von Neo und Daniel?

Filmische Umsetzung
Rekapitulieren Sie Ihr Wissen über den Tod und die Auferweckung Jesu (vgl. Kapitel 4 und 5). Setzen Sie es in Verbindung zu den Todes- bzw. Auferstehungsszenen in den Filmen. Bewerten Sie die filmische Verarbeitung dieser Motive.

Gewaltdarstellungen
Untersuchen Sie, welche Art von Gewalt in den Filmen gezeigt wird und wie sie filmisch erzeugt wird. Wir wirkt sie auf den Zuschauer und welche Funktion hat sie? Vergleichen Sie Ihre Ergebnisse mit der Gewalt in der Passionsgeschichte Jesu (Mk 14–15) und Ihrem Wissen über die Gewaltherrschaft der Römer in Palästina (Kapitel 2) und der Kreuzesstrafe (Kapitel 4).
Bewerten Sie abschließend die Rolle der Gewalt heute und zur Zeit Jesu.

Nach Marc Lenz/Dr. Uwe Böhm: Projekt Matrix

! Jesus liebt mich

Sammeln Sie Ideen für ein Drehbuch zu der im Film „Jesus liebt mich" zugrunde liegenden Frage „Wie würde die Welt reagieren, wenn Jesus – kurz vor dem bevorstehenden Weltuntergang – auf die Erde zurückkehren würde?"
Vergleichen Sie dann Ihre Ideen mit denen des Films von F. D. Fitz. Handelt es sich Ihrer Meinung nach um eine echte Religionssatire oder um eine seichte Weltuntergangskomödie?

9.2 Jesus in der Musik

1. Jesus in der klassischen Musik

Das Leiden Jesu wurde von großen Komponisten musikalisch umgesetzt zu opernnahen Großformen, die man Oratorien nennt. Vor allem in der Karwoche werden die von J. S. Bach im 18. Jahrhundert komponierten Oratorien (Johannespassion und Matthäuspassion) in vielen Kirchen mit Chor und Orchester aufgeführt. Teile aus dem Messias von Georg Händel werden auch in der Adventszeit gespielt.

! Musikalische Umsetzung

Wählen Sie eines der erwähnten Oratorien aus und untersuchen Sie – eventuell in einem Projekt mit der Fachschaft Musik –, wie die biblischen Texte vom Leben und Leiden Jesu musikalisch umgesetzt sind.

Beschreiben Sie, welche Wirkung die biblischen Texte durch die Vertonung entfalten.

2. Jesus in der Pop- und Rockmusik

Marius Müller-Westernhagen: Jesus (1998)

Jesus, schenk' mir Dein Leben -
ich geb' Dir meines dafür!
Jesus, ich werd' nie aufgeben
bis an die Himmelstür.

Jesus, spende mir Blut
bevor die Sonne mich tötet!
Jesus, spende mir Blut
bevor der Tag beginnt,
bevor der Tag beginnt!

Bitte laß' mich rein
in Dein Himmelreich,
Ich vergehe!
Mit ein bißchen Glück
werden wir verrückt,
mit ein bißchen Glück!
Yeah,

Jesus, wir sind die Helden –
es geht, Du mußt es nur wollen.
Jesus, sei nicht so feige,
wir werden's der Welt schon zeigen,
wir werden's der Welt beweisen!

Bitte laß' mich rein
in Dein Himmelreich,
Ich vergehe!
Mit ein bisschen Glück
werden wir verrückt,
mit ein bisschen Glück!
Yeah.

Jesus, wir sind die Helden -
es geht, Du mußt es nur wollen.
Jesus, sei nicht so feige,
wir werden's der Welt schon zeigen,
wir werden's der Welt beweisen!
Wir werden's der Welt beweisen!
Wir werden's der Welt beweisen!
Wir werden's der Welt beweisen!
Yeah, yeah, yeah, yeah,yeah, yeah
Yeah, yeah, yeah, yeah,yeah, yeah
Wir werdn's der Welt beweisen!
Yeah.

Die Doofen: Jesus (1999)

Jesus war ein guter Mann,
der hatte einen Umhang an,
Jesus war ein flotter Typ,
den hatten alle Leute lieb,
Jesus hatte langes Haar,
und braune Augen wunderbar,
Jesus hatte Latschen an,
wie kein anderer Mann.

Jesus, Jesus, du warst echt okay,
Jesus, Jesus, everytime fairplay.

Jesus, Jesus, du warst echt okay,
Jesus, Jesus, everytime fairplay.

Jesus war ein Wandersmann,
am liebsten auf dem Ozean,
Ja, und seine Zaubershow,
die hatte wirklich Weltniveau.

Ja, aus Wasser da machte er Wein,
wer will da nicht sein Kumpel sein,
Aus einem Brötchen da wurden zwei,
Mensch da komm doch noch
einmal vorbei.

Jesus, Jesus, du warst echt okay,
Jesus, Jesus, everytime fairplay,
everytime fairplay, everytime fairplay.

! Aktualisierung? Trivialisierung? Blasphemie?

Hören Sie/sehen Sie sich die Clips der beiden "Jesuslieder" an.
Achten Sie auf die in den Videos vorkommenden religiösen Motive und Symbole (wie z. B. Kreuz, Pietà, Brot) und analysieren sie, wie diese verwendet werden.
Führen Sie eine Pro- und Contra-Diskussion zu der Frage, ob das biblische Jesusbild in den Liedern angemessen aktualisiert wird oder ob die Gestalt Jesu kommerzialisiert bzw. trivialisiert wird.
Liegt womöglich Blasphemie vor?

9.3 Jesus in der Kunst

Die Entstehung der christlichen Ikonographie

Aufgrund des alttestamentlichen Bilderverbots (Ex 20,4), das von den frühen Christen auch auf Christusdarstellungen bezogen wurde, entfaltet sich die christliche Kunst erst gegen Mitte des 3. Jahrhunderts im Römischen Reich. Sie entsteht zunächst im Umfeld des Totenkultes. Auf Sarkophagen und in Malereien in Grabstätten überwiegen symbolische Christusdarstellungen. Jesus wird hier z. B. als guter Hirt oder als Philosoph dargestellt.
Beeinflusst durch den römischen Kaiserkult wandelt sich dieses Bild ab dem ausgehenden 4. Jahrhundert. Als kaiserlicher Herrscher thront Christus nun in der Mitte der Apostel oder steht als Richter und Gesetzgeber in ihrer Mitte. Diese Vorrangstellung Christi wird mit seiner Göttlichkeit in Verbindung gebracht. Diese Neuerung, die Betonung des Göttlichen, manifestiert sich bis heute in den – in der orthodoxen Kirche verbreiteten – monumentalen Darstellungen Christi als Weltenherrscher.

Christus Pantokrator, Türkei

Neben diesen großen Darstellungen, die den Gläubigen die Gegenwart Gottes aufzeigen sollen, entstehen Fresken- oder Mosaikzyklen. Ab dem 8. Jahrhundert liegt der Akzent auf bestimmten Episoden aus dem Leben Jesu, vor allem auf dem Geschehen um seinen Tod. War Christus zuvor vor allem als Triumphator in Erscheinung getreten, rückt nun seine menschliche Natur in den Vordergrund.
Diese Entwicklung wird durch das im 8. Jahrhundert vom Kaiser des Byzantinischen Reiches verhängte Bilderverbot verzögert. Erst nach der Wiederzulassung der Bilder 843

Cornelia Schlemmer: Jesus-Collage

! Jesus-Collage

Beschreiben und deuten Sie das Bild. Stellen Sie dann Vermutungen zur Intention der Künstlerin an.

nehmen Leben-Jesu-Szenen bei der Ausschmückung der Kirchen eine besondere Stellung ein.
Mit der Darstellung des Gekreuzigten im Isenheimer Altar gelingt Matthias Grünwald sicherlich einer der Höhepunkte der christlichen Kunst.
Seit der Kirchenspaltung im Jahr 1054 verläuft die Entwicklung der Christusbilder in der West- und in der Ostkirche nicht mehr einheitlich. Im Gegensatz zur Ostkirche haben Christusbilder im mittelalterlichen Abendland keine echte liturgische Funktion. Sie spielen jedoch in der religiösen Unterweisung und für die Frömmigkeit eine bedeutende Rolle.
Im 12. Jahrhundert erscheint Christus nicht nur in seiner menschlichen Dimension; seine Leiden und deren Bedeutung rücken ins Zentrum. In der Ostkirche wird die Darstellung des Schmerzensmanns wichtig. Christus, von dem nur der aufgerichtete Oberkörper dargestellt wird, erscheint

als Lebender, zugleich aber auch als Toter – mit der Wunde in der Seite, mit geschlossenen Augen und fast unbekleidet. Das klassische byzantinische Christusbild des Pantokrators wird in der Romanik in Europa weiterentwickelt. Christus erscheint nun als Weltenrichter oder am Kreuz als König der Welt.
In der gotischen Kunst der Westkirche entstehen zeitlose Bilder, die den Gläubigen zur Betrachtung anempfohlen werden: Neben dem bereits erwähnten Motiv des Schmerzensmannes, erzählen Bildthemen wie die Pietà (= Darstellung der trauernden Maria mit dem Leichnam Christi auf dem Schoß) oder die Arma (= Leidenswerkzeuge) Christi das Leben Christi.
Genauso bedeutsam für die christliche Ikonographie, aber völlig anders, sind die Christusdarstellungen in der Renaissance. Die Künstler orientieren sich an den Idealen und Vorstellungen der Antike. Auf dem berühmten Fresko „Das jüngste Gericht" in der Sixtinischen Kapelle erscheint Christus auf den Wolken als Menschensohn, als glorreich Auferstandener. Michelangelo hat ihm das jugendliche Aussehen eines griechischen Gottes verliehen.
Die Reformation ist, was die religiösen Bilder angeht, kritisch bis ablehnend. Luther greift das alte Argument auf, man laufe Gefahr, das Kunstwerk mit dem Dargestellten zu verwechseln.
In der Malerei des 16. und 17. Jahrhunderts wird in Spanien die realistische Darstellung des Körpers Christi mit mystischen Haltungen verknüpft, so etwas beim Christus am Kreuz von Velázquez: Es entsteht der Eindruck, der Körper des Gekreuzigten bringe nicht nur den Schmerz zum Ausdruck, sondern darüber hinaus eine Art von versöhnender Zustimmung und Gelassenheit.
Im 19. Jahrhundert ist der Niedergang des Christusbildes zu verzeichnen. Es vollzieht sich der endgültige Bruch zwischen dem Lehramt der Kirche, das jahrhundertelang Auftraggeber, Berater oder Adressat gewesen war, und dem „Lehramt der Malerei", das sich immer mehr verselbstständigt und für autonom erklärt. Damit beginnen die „große Kunst" und die „kirchliche Kunst" ihre je eigenen Wege zu gehen.
Die Jesusdarstellungen des 20. Jahrhunderts (z. B. Schmidt-Rottluff, Barlach, Litzenburger, Hrdlicka, Rainer oder Beuys) können nur schwer auf einen Nenner gebracht werden. In ihnen kommt die Spannung zwischen Tradition und Provokation, Kritik und Politik, Spott und Verehrung, Verzweiflung und Hoffnung zum Ausdruck. Neben den klassischen künstlerischen Darstellungen (Malerei, Bildhauerei) haben in den letzten Jahren Jesusdarstellungen in Film und Fotographie eine gewisse Bedeutung gewonnen.

Nach: Jean-Michel Spieser, in: Welt und Umwelt der Bibel 14/1999; Christian Heck/François Boesflug/Valérie da Costa, in: Welt und Umwelt der Bibel 18/2000, und nach W. Trutwin, in: Neues Forum Religion.

Michelangelo: Christus der Weltenrichter, 1534–1541

! Zuordnen

Ordnen Sie die Christusdarstellungen dieses Heftes (Seiten 2, 30, 37, 40, 49, 57, 58) den entsprechenden Phasen der Entwicklung der christlichen Ikonographie zu.
Arbeiten Sie die für die jeweilige Phase charakteristischen Merkmale der Christusdarstellungen heraus.

! Projekt

Entwerfen Sie selbst – eventuell in einem Projekt mit dem Fach Kunst – zeitgenössische Christusbilder und stellen Sie diese aus.

9.4 Jesus in der Literatur

1. Jesusgedichte

Ecce Homo

Weniger als die Hoffnung auf ihn

das ist der Mensch
einarmig
immer.

Nur der Gekreuzigte
beide Arme
weit offen
der Hier-bin-ich

Hilde Domin, 1909–2006

Und kein Ende

noch einmal
wird er angeklagt
und in abwesenheit
für schuldig befunden
wegen störung der grabesruhe
nichtbeachtung der friedhofsordnung
hat zu schweigen
wie ein grab
er aber ist
vom tode ungehalten
anarchist des lebens
ein unruhestifter
über alle tode hinaus

*Andreas Knapp, *1958*

Jesses!

Du so.
Du anders.
Du nicht.
Du doch.
Dein Leib.
Deine Worte.
Was weiß ich.
Was soll ich.

Komm glaub
mit mir.
Komm geh
mit uns.

*Kurt Marti, *1921*

! Schreibgespräch

Wählen Sie ein Gedicht aus und führen Sie in Kleingruppen Schreibgespräche zu den Gedichten.

2. Jesusromane

In allen Jahrhunderten unserer Zeitrechnung beeinflusste Jesus die Literatur. In den Evangelien und in den frühen Hymnen (= religiöses Lob- und Preislied) der Kirchenväter geht es ebenso um die Bedeutung Jesu Christi wie auch in den traditionellen romanhaften Jesusdarstellungen des 19. und 20. Jahrhunderts. Nachdem K. J. Kuschel im Jahr 1978 den Tod der „konventionellen Jesusliteratur" festgestellt hat, zeichnet sich seit den 1980er Jahren eine völlig überraschende Wiederentdeckung von Jesus als literarischer Figur ab. Jedes Jahr werden gleich mehrere Jesusromane veröffentlicht, der nationale und der internationale Markt boomen. Die modernen Jesusdarstellungen sind nicht nur historisierende Ausgestaltungen des Lebens Jesu. Dichter und Schriftsteller lassen die provokativen, anstößigen und kritischen Züge der Person Jesu stärker hervortreten. Auffällig ist darüber hinaus, dass die Figur Jesu vermehrt aus der Perspektive von (fiktiven) Jesusbegleitern (z. B. Maria von Magdala, Pilatus usw.) beschrieben wird. Die zeitgenössischen Schriftsteller gehen alle der Frage nach, welche aktuelle Bedeutung Jesus hat.

Nach Karl-Josef Kuschel: Jesus in der deutschsprachigen Gegenwartsliteratur und nach Georg Langenhorst: Jesus: Niemand ist wie er!

! Buchvorstellung

Wählen Sie eines der oben abgebildeten Jesusbücher aus und stellen Sie es Ihren Mitschülern vor.

Gehen Sie dabei auf das Jesusbild und auf die Erzählperspektive ein.

Ist es dem Autor Ihrer Meinung nach gelungen, die Aktualität Jesu aufzuzeigen?

9.4 Jesus in der Literatur

Eric-Emmanuel Schmitt: Das Evangelium nach Pilatus

In ein paar Stunden kommen sie mich holen. Die Vorbereitungen sind in vollem Gange. Die Soldaten putzen ihre Waffen. Boten eilen durch die dunklen Straßen, um das Tribunal zusammenzutrommeln. Der Zimmermann liebkost das Kreuz, an dem ich morgen bluten muss. Ein Flüstern geht von Mund zu Mund, ganz Jerusalem weiß, dass ich verhaftet werde.
Sie werden glauben, dass sie mich überraschen … dabei warte ich schon auf sie. Sie suchen einen Schuldigen … und finden einen Komplizen.
Mein Gott, mach, dass sie skrupellos sind und sich eilen! Lass sie dumm und brutal sein. Erspar mir die Mühsal, sie gegen mich aufzubringen! Sie sollen mich einfach töten. Schnell und sauber. (…)
Friedlich ist es hier in diesem Garten. Eine gewöhnliche Frühlingsnacht. Die Jünger schlafen. Die Grillen besingen die Liebe. Meine Furcht findet kein Echo. Vielleicht sind die Soldaten gar nicht aus Jerusalem losmarschiert? Vielleicht hat Jehuda Angst bekommen? Auf, Jehuda, verrate mich endlich! Bestätige ihnen, dass ich ein Hochstapler bin, der sich für den Messias hält und die Macht an sich reißen will. Belaste mich. Gib ihren schlimmsten Verdächtigungen Nahrung. Schnell, Jehuda, beeil dich! Auf dass ich bald verhaftet und hingerichtet werde. Wie geschieht etwas? Wie bin ich hierhergekommen?
Meine Bestimmung wurde mir von anderen verkündet; sie wussten mich zu entziffern wie ein Pergament, das für mich unleserlich blieb. Immer haben andere mir Diagnosen gestellt, wie man eine Krankheit entdeckt.
„Was willst du später einmal werden?"

Mit dieser Frage holte mein Vater mich einmal aus meinen Träumen. Ich lag auf der blonden Hobelbank unter seiner Werkbank und ließ den goldenen Strahl des Sägemehls durch meine Finger rieseln.
„Was willst du einmal werden?"
„Weiß nicht", gab ich zur Antwort.
„Dasselbe wie du! Zimmermann vielleicht." „Warum nicht Rabbi?" Ich sah ihn verständnislos an. Rabbi? Ich? Der Rabbiner unseres Dorfes, Rabbi Isaak, war ein zittriger Greis mit einem Zippelbart, der sicher noch älter war als er selbst. Das konnte nicht ich sein. Außerdem wurde man nicht Rabbi; Rabbi war man; als Rabbi wurde man geboren. Ich war nur Jeschua, der Sohne Josephs, aus Nazareth, das heißt, nicht zu Großem geboren.
„Denk darüber nach!" sagte mein Vater und hobelte weiter an seinem Brett. (…)
Bald darauf war mein Vater tot. Er wollte in der Mittagshitze eine Truhe ans andere Ende des Dorfes liefern und fiel einfach um; sein Herz war am Wegesrand stehengeblieben. Drei Monate lang war ich völlig verzweifelt. Meine Geschwister trockneten ihre Tränen, meine Mutter hörte auf zu weinen, weil sie uns nicht noch trauriger machen wollte, doch ich schluchzte ununterbrochen. Ich trauerte nicht nur um den verlorenen Vater, dessen Herz weicher gewesen war als das Holz, das er bearbeitete, ich litt vor allem daran, dass ich ihm nie gesagt hatte, wie sehr ich ihn liebte. (…)

Ich hielt es für meine Bestimmung, in die Fußstapfen meines Vaters zu treten, und hatte darüber ganz die Idee vergessen, Rabbi zu werden. Zwar waren meine langen Mittagsstunden dem Beten und Lesen gewidmet, aber ich tat das freiwillig und für mich allein und verschärfte damit nur meine inneren Kämpfe. Für viele Nazarener war ich kein guter Jude: Ich machte am Sabbat Feuer und pflegte meine kleinen Geschwister, wenn sie krank waren. Obwohl ich Rabbi Isaak damit zur Verzweiflung brachte, nahm er mich vor anderen in Schutz. „Jeschua ist frömmer, als er den Anschein hat", sagte er. „Gebt ihm Zeit zu begreifen, was ihr schon begriffen habt." Mit mir war er strenger. „Weißt du, dass andere schon für das gesteinigt wurden, was du tust?" „Wann heiratest du endlich?" wollte meine Mutter wissen. „Schau dir Mosche,

Ram und Kesed (= Freunde aus Kindertagen) an: Sie haben alle Kinder. Deine jüngeren Brüder haben mich schon zur Großmutter gemacht. Worauf wartest du noch?" Ich wartete auf nichts, ich dachte nicht einmal daran.

Eric-Emmanuel Schmitt: Das Evangelium nach Pilatus

! Romanauszug

Lesen Sie den Auszug aus dem Buch „Das Evangelium nach Pilatus." Rekonstruieren Sie die Situation, in der sich Jesus hier befindet, und vollziehen Sie die Abfolge seiner Gedanken nach.

! Jesusbild

Erarbeiten Sie das Jesusbild des Romansauzugs und bewerten Sie Chancen und Grenzen einer solchen literarischen Ausgestaltung.

10.0 Moderne Glaubensbekenntnisse

1. Ein Glaubensbekenntnis von heute

In den Worten und Taten Jesu
hat sich Gott selbst den Menschen mitgeteilt.
Weil er in ihm Mensch wurde,
hat sich Gott verletzlich gemacht,
hat das Risiko auf sich genommen
zu scheitern.

Jesus hat verkündet,
dass mit ihm das Reich Gottes begonnen hat.
Er hat darum gerungen,
dass die Menschen an seine Botschaft glauben,
er hat ihnen aber die Freiheit gelassen
ihn abzulehnen.

Jesus ist am Kreuz gestorben,
weil er sich treu geblieben ist
und seiner Botschaft der Liebe;
er hat auf Gewalt verzichtet.
Er ist von den Toten auferstanden,
nicht in unser Leben zurück,
sondern ins Sein bei Gott.

Deshalb ist seine Geschichte
Mit den Menschen noch nicht zu Ende.
Er spricht zu uns
und steht uns bei,
sein Reich in der Welt
wirklicher werden zu lassen.

Horst Gorbauch: nach Wolfgang Klausnitzer,
Jesus von Nazareth, S. 131

2. Das Glaubensbekenntnis einer Frau

Ich glaube an Gott,
der Frau und Mann nach seinem eigenen Bilde schuf,
der die Welt schuf
und beiden Geschlechtern
Herrschaft über die Erde gab.

Ich glaube an Jesus,
Gottes Kind,
auserwählt von Gott,
geboren von einer Frau Maria.
Der Frauen zuhörte und sie liebte,
der in ihren Häusern war,
der über das Reich Gottes mit ihnen sprach,
der Jüngerinnen hatte,
die ihm nachfolgten und ihn unterstützen.

Ich glaube an Jesus,
der mit einer Frau am Brunnen über Theologie sprach
und ihr zuerst anvertraute,
dass er der Messias ist,
so dass sie hinging,
und der Stadt die große Neuigkeit brachte.

Ich glaube an Jesus,
der sich salben ließ
von einer Frau in Simons Haus,
der die männlichen Gäste zurechtwies,
die sich darüber empörten.
(...)
Ich glaube an Jesus,
der von sich sprach als einer Glucke,
die ihre Küken
unter ihren Flügeln versammeln will.

Ich glaube an Jesus,
der zuerst Maria Magdalena erschien
und sie mit der explodierenden Botschaft aussandte:
gehe und sage es den anderen ...

Ich glaube an die Ganzheit
des Erlösers,
in dem es weder Juden noch Griechen,
weder Sklave noch Freie,
weder Mann noch Frau gibt.
denn wir sind alle eins
In seiner Erlösung.
(...)

Rachel Conrad Wahlberg

11.0 Lexikon

Äon

(von griech.: = Lebenszeit, Zeitdauer, Ewigkeit). Der griechische Begriff wird in der Regel zur Bezeichnng einer Zeitspanne verwendet. Die Apokalyptik (→ Apokalyptik) ging von der Vorstellung der „Zwei-Äonen-Lehre“ aus. In dieser Vorstellung folgen zwei Zeitalter aufeinander: Das erste Äon ist das Zeitalter, indem die Menschen gegenwärtig leben. In diesem Äon ist kein Heil für die Menschen möglich. Im zweiten Äon leben die guten Menschen in einem paradiesischen Heilszustand. Gott beendet den ersten Äon und führt durch sein Endgericht den zweiten Äon herbei.

Apokalyptik

(von griech.: = Offenbarung, Enthüllung). Name einer religiösen Strömung, die zur Zeit Jesu in der jüdischen Bevölkerung stark vertreten war. Die Erfahrungen von Leid, Unterdrückung und Krieg in der Geschichte Israels lösten die Vorstellung der früheren Schriften der Hebräischen Bibel ab, dass Gott die Welt im Verlauf der Geschichte zum Heil führen kann. Die Apokalyptiker waren vom Kommen des göttlichen Heils und der Erlösung erst in der Endzeit überzeugt. Diese Endzeit wird von Gott selbst unter furchtbaren Katastrophen (Hungersnöte, Weltkriege, Seuchen) herbeigeführt. Damit setzt Gott dem Lauf der Geschichte ein Ende, ein neuer Äon (→ Äon) beginnt. Häufig wird in der Apokalyptik vom Erscheinen einer Erlösergestalt (z. B. dem Menschensohn) ausgegangen. Im Endgericht bestraft Gott die Bösen und belohnt die Guten, eine neue ewige Herrschaft Gottes bricht an, die keine Not, sondern nur paradiesische Zustände kennt.

Christus

kein Eigenname, sondern Würdename, „Hoheitstitel“ (vgl. Einleitung zu 3.5, Seite 25). Übersetzung des hebräischen „maschiach“ (d. i. das bekannte „Messias“) ins Griechische. Beiden Partizipien entspricht deutsch „der Gesalbte“. Ursprünglich wurde der Würdename dem König gegeben (gelegentlich auch Propheten); später stand er für den erwarteten idealen König der Endzeit.

Christologie

(explizite und implizite): Lehre von der Bedeutung Jesu für die Menschen (Näheres: Einleitung zu 3.5, Seite 25).

Epiphanie

(griech. = Erscheinung): Bezeichnet im Allgemeinen die Erscheinung eines göttlichen Wesens bei den Menschen. Im engeren Sinn bezeichnet es das Fest der Erscheinung des Herrn, das die Kirche am 6. Januar feiert.

Eschatologie

Die Eschatologie (griech.: = Lehre von den letzten Dingen) beschäftigt sich mit den Ereignissen, die uns nach christlicher Lehre nach dem Tod erwarten: Gericht, Fegfeuer, Himmel, Hölle. Wie ist Jesus Christus als Richter zu sehen? Gibt es ein Fegfeuer? Kommen alle Menschen in den Himmel? Müssen Menschen in der Hölle ewig von Gott getrennt leben? Mit Christus hat schon diese letzte Zeit in seiner Reich-Gottes Botschaft begonnen, aber sie muss noch über den Tod hinaus von Gott vollendet werden (= eschatologischer Vorbehalt).

Historischer Jesus – Christus des Glaubens:

Beim „historischen Jesus“ geht es um die geschichtliche Person des Jesus von Nazareth, deren Leben und Wirken mit Hilfe der historisch-kritischen Methode erforscht wird. Der „historische Jesus“ wird vom „Christus des Glaubens“ unterschieden: Bereits die frühesten christlichen Zeugnisse des NT berichten nicht nur über die historische Person des Jesus von Nazareth, sie wollen vielmehr die religiös-theologische Bedeutung von Jesus als Auferstandenem verkünden. Auf den Punkt gebracht wird dies in der Bezeichnung Jesus Christus, der Kurzform des Bekenntnisses „Jesus ist der Christus“. Eine strikte Trennung des „historischen Jesus“ vom „Christus des Glaubens“ ist nur methodisch möglich. Es kann von einem dynamischen Verhältnis ausgegangen werden, bei dem historische Ereignisse und ihre Deutungen miteinander verknüpft sind.

Inkarnation

(von lat.: Incarnatio = Fleischwerdung) bezeichnet die in verschiedenen Religionen verbreitete Vorstellung des Eingehens eines göttlichen/jenseitigen Wesens in menschliche Gestalt. In den neutestamentlichen Christushymnen (Joh. 1,1–18; Phil. 2,6–11) wird die Menschwerdung des göttlichen Wortes („Logos“) in Jesus Christus besungen. Göttliches und Menschliches sind deshalb in Jesus Christus vereint. Art und Weise dieser Verbindung wurde beim Konzil von Chalcedon (451) in der Zweinaturenlehre definiert.

Konzil

(lat.: = Rat, Zusammenkunft) Mit dem Papst kommen die Bischöfe zusammen, um Glaubensfragen und Fragen der christlichen Lebensführung zu klären. Das Vorbild aller Konzilien ist das sog. Apostelkonzil 48/49 n. Chr. in Jerusalem. Besonders wichtig für die Ausarbeitung der Christologie waren die vier ersten Konzilien im 4./5. Jahrhundert: in Nizäa (325), Konstantinopel (381), Ephesus (431) und Chalcedon (451). Vgl. Heft Seite 50f. Das 2. Vatikanische Konzil (1962–1965) suchte nach religiösen Antworten auf die Fragen unserer Zeit: das Verhältnis zu anderen Religionen, die Mitverantwortung der Kirche für eine gerechte Welt, Unglaube, Muttersprache im Gottesdienst.

Krishna
Name der bekanntesten und am meisten verehrten Verkörperung des Hindu-Gottes Vishnu. Der Name „Krsna" bedeutet „der Schwarze"; vermutlich deswegen wird der Gott als Krishna oft dunkel, in blauer Farbe, dargestellt. Gedeutet wird das als Nähe des Gottes zur dunkelhäutigen, armen Bevölkerung. Es gibt auch eine mythologische Erklärung: Die Dämonin Putana vergiftete ihre Brüste, um den neugeborenen Krishna daran saugen zu lassen und zu töten. Der junge Gott saugte mit dem Inhalt der Brüste das Leben aus der Dämonin; das Gift schadete ihm nicht, färbte nur seinen Körper blau. – In vielen Verkörperungen auf der Erde, Avataras, bekämpft Vishnu böse Dämonen und Menschen. So hatte ein gefährlicher Dämon für sich die Gabe der Unverwundbarkeit erlangt: Der Gott Brahma hatte ihm zugesichert, er werde weder bei Tag noch bei Nacht, weder im Haus noch außer Haus, weder durch Mensch noch durch Tier und durch keinerlei Waffe getötet werden können. Zum Schutz der Menschen, auch des Sohnes des Dämons, eines frommen Vishnu-Verehrers, erscheint Vishnu als Mann-Löwe (weder Mensch noch Tier) auf der Erde und tötet den Dämon auf der Türschwelle beim Verlassen des Hauses (weder drinnen noch draußen) während der Dämmerung (nicht bei Tag und nicht bei Nacht) mit seinen Löwen-Klauen (durch keinerlei Waffe).

Kyrios
griech.: „Herr". Einer der Würdenamen („Hoheitstitel"), die Jesus in der Urchristenheit und in der Bibel gegeben werden. Im griechischen Alten Testament Übersetzung des hebräischen „Adonaj". So musste das Tetragramm JHWH laut gelesen werden, da der Gottesname im Judentum schon zur der Zeit Jesu nicht mehr ausgesprochen werden durfte. Man setzte deshalb unter die Konsonanten JHWH die Vokale von Adonaj (→ christliche Fehl-Lesung als „Jehova").

Messias
(hebr. Maschiach, ebenso wie griech. Christos = Gesalbter) Messias bezeichnet im AT zunächst die Gesalbten Jahwes: Könige und Hohepriester. Die Messiaserwartung wird später immer stärker auf die Erwartung eines gerechten Königs aus dem Hause David bezogen. Der Messias wird sein Volk von aller Unterdrückung befreien. Jesus hat den Titel Messias nicht für sich in Anspruch genommen. Erst die frühchristliche Gemeinde hat ihn auf Jesus übertragen. Durch die Erfahrung von Kreuz und Auferstehung wurde der jüdische Titel christlich neu geprägt: Jesus ist kein starker König, sondern gewaltlos. Jesus wird als „leidender Messias" angesehen. Er bringt neues Leben und Heil; er ist die Erfüllung der Geschichte. Später wurde der Titel zum Eigennamen, zu einer liturgischen Formel.
Vgl. auch Seite 46.

Patriarch, Patriarchat
Patriarchate waren in der alten Kirche Kirchenprovinzen. Ihr Bischof heißt Patriarch. Die Patriarchate der Ostkirche erkannten die höchste Autorität des Papstes nie an; für sie war er lediglich der Patriarch von Rom. In der Alten Kirche des Ostens gab es die Patriarchate Alexandria, Antiochia und Jerusalem, später auch Konstantinopel.

Präexistenz
(prae: lat. = vorher): Damit wird die Vorstellung bezeichnet, dass das „Wort in Gott" als zweite Person der Trinität immer schon, also vor der Geburt des historischen Jesus von Nazareth, in Gott existiert. Besonders das Johannesevangelium betont diese Präexistenz des Wortes (Joh1,1–5). Eine Vorstufe dieser Vorstellung ist im Judentum die Weisheit, die bei Gott existierte und mit dem Schöpfungshandeln Gottes verbunden wurde (Spr 8,22–36; Weish 9). Mit der Aufnahme Jesu zu Gott („Himmelfahrt") soll den bedrängten Glaubenden die Hoffnung gegeben werden, dass die Geschichte von Anfang bis Ende in der Hand Gottes liegt.

Soteriologie
(griech.: = Lehre vom Heil): Im Christentum die Lehre, dass Jesus Christus die Menschen durch seinen Tod und seine Auferstehung erlöst hat.

Trinität
Zentrale Besonderheit des Christentums gegenüber den anderen auf Abraham als ihren Ursprung sich berufenden monotheistischen Religionen, Judentum und Islam. Gott ist danach zugleich einer und dreifaltig, als Vater, Sohn und Geist. – Knapper Versuch der Erläuterung: Gott ist Liebe. Liebe ist etwas Dynamisches, sie kann nicht für sich bleiben, sondern will ein Gegenüber. Dieses Gegenüber ist in der göttlichen Ewigkeit „der Sohn". Im und durch den Sohn ist die Welt als Gegenüber der göttlichen Liebe in der Zeitlichkeit erschaffen. Am „Ende der Zeiten" soll sie mit dem Sohn eins werden, wie es der mit dem Vater ist. Der Heilige Geist ist das Prinzip der liebenden Einheit von „Vater" und „Sohn", ebenso von Welt und Gott.

Zöllner
Zöllner pachteten für einen bestimmten Bezirk das Zollrecht und trieben dort für die römische Besatzungsbehörde den Zoll ein. Die geschätzte Einnahmesumme mussten sie im Voraus zahlen, die Versuchung zu illegalen Tariferhöhungen beim Eintreiben der Zölle war daher groß. Wegen der unrechtmäßigen Bereicherungen und der Kooperation mit den heidnischen Römern galten sie als kultisch unrein und wurden von der Bevölkerung verachtet und gemieden.

12.0 Quellenverzeichnis

Literaturnachweise

1.0 Annäherungen
Seite 3: Joseph Ratzinger / Benedikt XVI: Jesus von Nazareth. 1. Band. Freiburg 2006. S. 31f.
Hans Küng: Jesus. München 2012. S. 196f.

2.0 Jesus, eine Person der Geschichte?
Seite 4: Flavius Josephus: Antiquitates. Herausgegeben und übersetzt von K. Faulen. Berlin 1892. S. 200 bzw. 63f.
Tacitus: Annalen XI–XVI. Übersetzung und Anmerkungen von Walther Sontheimer. Stuttgart 1967. S. 191.

3.0 Worte und Taten Jesu
3.1 Gleichnisse
Seite 14: Thomas Söding: Lehre in Vollmacht, Jesu Wunder und Gleichnisse im Evangelium der Gottesherrrschaft. In: Communio 1/2007. S. 3–17. Zitate S. 10f. und 14f.
Seite 15: „Schließlich kam ein Samariter des Weges ...". Aus: Lothar Zenetti. Die wunderbare Zeitvermehrung. Donauwörth 2000. S. 53.

3.2 Wunder
Seite 17: Gerd Theißen/Annette Merz: Der historische Jesus. 3. Auflage. Göttingen 2001. S. 268f.

3.4 Der Ruf in die Nachfolge
Seite 23: Thomas Schatten: Jesus Christus. Eine Nacherzählung des Evangeliums. Düsseldorf 1998. S. 18f.

3.5 Wie hat Jesus sich selbst und seine Beziehung zu Gott verstanden?
Seite 25: Walter Kasper: Jesus der Christus. Mainz 1974. S. 121.
Seite 27: Wilhelm Haller: Die heilsame Alternative. Jesuanische Ethik in Wirtschaft und Politik. Wuppertal 1989. S. 157f.

4.0 Der Tod Jesu
4.1 Gekreuzigt unter Pontius Pilatus
Seite 28: Hans-Peter Kuhnen (Hrsg.): Mit Thora und Todesmut. Württembergisches Landesmuseum. Stuttgart 1994. S. 128f.
Seite 28f.: Norbert Scholl: Jesus von Nazaret. Was wir wissen, was wir glauben können. Darmstadt 2012. S. 115–117.
Seite 29: Pinchas Lapide: Wer war schuld an Jesu Tod? Gütersloh 1989. 2. Auflage, S. 43.
Seite 30: 2. Vatikanisches Konzil: Die Erklärung über das Verhältnis der Kirche zu den nichtchristlichen Religionen „Nostra aetate", Nr. 4. In: Karl Rahner / Herbert Vorgrimler: Kleines Konzilskompendium. 2. Auflage. Freiburg i. B. 1966. S. 358f.

4.2: Durch seinen Tod sind wir erlöst?
Seite 31: Theodor Weißenborn: Fataler Aspekt. In: Sigrid und Horst Klaus Berg (Hg.): Wege nach Golgatha. München 1989. S. 82.
Seite 32f.: Opfer biblisch: Herbert Vorgrimler, Artikel „Opfer". In: Neues theologisches Wörterbuch. Freiburg 2000. S. 467 ff.
Seite 33: Die Erlösung durch den Tod Jesu am Kreuz: Theodor Schneider. In: Publik Forum 10/2000. Dossier. S. 29.
Seite 34: Den Teufelskreis des Bösen durchbrechen: Walter Kasper und Ferdinand Hahn: Gottes sichtbare Liebe. In: Johannes Feiner und Lukas Vischer (Hg.): Neues Glaubensbuch. Freiburg i. B. 1975, S. 286–88 (Auszüge).

5.0 Auferweckt am dritten Tage
5.1 Auferstehung und Reinkarnation
Seite 35: Auferstehung oder Inkarnation. Hartmut Meesmann: Vom Recht, unvollkommen zu bleiben. In: Publik Forum 1994. Heft 6. S. 45f.

5.2 Das älteste Zeugnis
Seite 36: Walter Kasper: Jesus der Christus. Mainz 1974. S. 147 und 170f.

5.4 Worum es bei der Auferstehung geht
Seite 39: Joseph Ratzinger / Benedikt XVI: Jesus von Nazareth. Zweiter Teil. Vom Einzug in Jerusalem bis zur Auferstehung. Freiburg 2011. S. 269ff.
Seite 39f.: Nicht das Unrecht siegt: Dorothee Sölle / Luise Schottroff: Jesus von Nazareth. München. 3. Auflage 2001. S. 127f.

6.0 Ein jüdischer Rabbi – oder der Messias der Christen?
6.1 Vom jüdischen Jesus zum Messias des Paulus
Seite 41: Der Rabbi aus Nazareth. In: Rachel Herweg: Jesus aus jüdischer Sicht. In: Welt und Umwelt der Bibel, 4/2005. S. 16–18.
Kein gewöhnlicher Rabbi. In: Günter Bornkamm: Jesus von Nazareth. Stuttgart 1971. S. 51f.
Seite 43: Aus einer Weihnachtspredigt des Zeno von Verona. In: Martin Wallraff: Christus verus sol. Sonnenverehrung und Christentum in der Spätantike. Münster 2001. S. 164.

6.3 Die entscheidende Frage
Seite 45: Das Nein der Juden. In: Nathan Peter Levinson: Der Messias. Stuttgart 1994. S. 42.
Seite 45: Bekenntnis eines Juden. In: Josef Wulf: Jiddisch – Gedichte aus den Gettos 1939 bis 1945. Berlin 1964.

8.0 Jesus in anderen Religionen
8.1 Jesus und der Buddhismus
Seite 52: Dorothee Sölle: Erinnere dich an gotama. In: D.S., Gesammelte Werke, Band 8: Das Brot der Ermutigung. Gedichte. Freiburg 2008. S. 30.
Seite 52: Zitat Dalai Lama: Das Herz der Religionen. Freiburg i. B. 2012. S. 90.

8.3 Jesus im Islam
Seite 53f.: Koranzitate: Der Koran. Aus dem Arabischen übertragen von Max Henning. Stuttgart 1960. Sure 19, 16–26.35f.: dort S. 287–289; Sure 112: dort S. 595; Sure 5, 116: dort, S. 128; Sure 5,50: dort S. 118f.
Seite 54: Aus dem „muslimischen Evangelium". In: Tarif Khalidi: Der muslimische Jesus. Aussprüche Jesu in der arabischen Literatur. Düsseldorf 2002. S. 65, 66, 70, 90, 94, 103, 108, 109.

9.0 Jesus in Film, Musik, Kunst und Literatur
9.2 Jesus in der Musik
Seite 56: Marius Müller-Westernhagen: Jesus. 97 Edition. More Music Musikverlag GmbH, Hamburg.
Seite 56: Die Doofen (Boning, Wigald/Dittrich, Oliver): Jesus. SMPG Publishing (Germany) GmbH, Berlin.

9.4 Jesus in der Literatur
Seite 59: Hilde Domin: Ecce Homo. In: H. D.: Gesammelte Gedichte. Frankfurt a. M. 1987. S. 345.
Seite 59: Andreas Knapp: Und kein Ende. In: Ders.: Höher als der Himmel. Würzburg 2012. S. 75.
Seite 59: Kurt Marti: Jesses! In: K. M.: Ungrund Liebe. Klagen, Wünsche, Lieder. Stuttgart 1987. S. 28.
Seite 60: Eric-Emmanuel Schmitt: Das Evangelium nach Pilatus, dt. von Brigitte Grosse. Frankfurt am Main 2007. S. 7–19.

10.0 Moderne Glaubensbekenntnisse
Seite 60: Das Glaubensbekenntnis einer Frau. In: KJG (Hg.): Beten durch die Schallmauern. 1987. S. 66f.